Raclettes · Fondues · Grilladen

Beatrice Aepli

Raclettes Fondues Grilladen

MIDENA

Die Deutsche Bibliothek - CIP-Einheitsaufnahme

Aepli, Beatrice:
Raclettes – Fondues – Grilladen / Beatrice Aepli. –
Küttigen/Aarau : Midena ; Augsburg : Weltbild, 1998
ISBN 3-310-00310-8

Alleinvertrieb für Deutschland:
WELTBILD VERLAG GmbH
Steinerne Furt 68-70, 86167 Augsburg

Gestaltung Umschlag: Dora Eichenberger-Hirter, Birrwil
Konzeption und Gestaltung Inhalt: Ursula Mötteli,
Grafikdesign, Aarau
Bilder: Hansjörg Volkart, Zürich
Satz: Kneuss Satz AG, Lenzburg
Lithos: Lang Polycom AG, Basel
Druck und Bindung: Neue Stalling, Oldenburg

ISBN 3-310-00310-8

Inhaltsverzeichnis

Saucen

Eingemachtes

Desserts

Verwendete Abkürzungen
EL = gestrichener Esslöffel
TL = gestrichener Teelöffel
ml = Milliliter
dl = Deziliter
Msp = Messerspitze
l = Liter

Mengen
Raclettes
Eine Rezeptmenge reicht für 1 Person

Focacce
Eine Rezeptmenge reicht für 4 bis 6 Personen zum Apéro

Fondues
Eine Rezeptmenge reicht für 4 Personen

Tischgrilladen
Pro Person rechnet man 200 g Fleisch

Desserts
Eine Rezeptmenge reicht für 4 Personen

Vorwort

Wir leben im visuellen Zeitalter, und wo der Bildschirm Mittelpunkt des Geschehens ist, im Beruf wie in der Freizeit, da bleibt kaum Zeit für ein Gespräch, für gemütliches Zusammensein. Das muss nicht sein ... Ein kulinarisches Event war schon immer ein guter Boden für Gedankenaustausch, für Geselligkeit, zum Zuhören und Plaudern. Familie, Freunde und Bekannte werden sich über Ihre Einladung an den guten «Familientisch» freuen, sei es zu einem Fondue-, Raclette-, Grillplausch ...

Die «Buchmacher» wünschen Ihnen und Ihren Gästen am großen Tisch angeregte Stunden ... und einen guten Appetit. Die Rezepte kreiert und getestet haben Marianne Burki und Beatrice Aepli, Hansjörg Volkart stand hinter der Kamera und verantwortlich für das Textliche war Claus Berndt.

Tipps und Tricks

Zum Kapitel **Raclettes**

Pizzas
Für Pizzas immer ein Stück Backpapier ins Pfännchen legen, damit überlaufender Käse nicht verkrusten kann.

Zum Kapitel **Focacce**

Vorbereiten
Der Teig kann am Vortag zubereitet und im Kühlschrank aufbewahrt werden.

Zum Kapitel **Tischgrilladen**

Vorbereiten
Die Marinaden und auch viele Saucen können einige Stunden zum Voraus zubereitet werden.

Mengen
Pro Person rechnet man normalerweise mit 200 g Fleisch. Bei der Auswahl mehrerer Rezepte ist diese Menge zu berücksichtigen.

Zum Kapitel **Fondues**

Käsefondue
So einfach das Käsefondue auch zuzubereiten ist, einige Regeln sollten trotzdem beachtet werden.

Fonduemischung
Die verschiedenen Käsesorten möglichst immer am Stück kaufen. Auf einer groben Reibe (Röstiraffel) ist der Hartkäse schnell gerieben. Weichere Käsesorten wie Tilsiter oder Freiburger Vacherin werden am besten klein gewürfelt.

Zusammensetzung
Ein Fondue nach traditionellem Rezept enthält stets Greyerzer Käse, Freiburger Vacherin, Appenzeller Käse und wenig Emmentaler; je nach Region wird das Fondue einmal mit mehr Greyerzer Käse, einmal mit mehr Appenzeller Käse zubereitet. Auch Gorgonzola in kleiner Menge ist erlaubt. Die Käse sollten nicht allzu mild sein. Mindestens ein Käse darf ausgereift sein, damit das Fondue den beliebten würzigen Geschmack bekommt.

Greyerzer Käse
Je reifer, desto mehr Würze gibt er dem Fondue.

Freiburger Vacherin
Milder Käse. Gibt dem Fondue die cremige Konsistenz.

Emmentaler Käse Je reifer, desto mehr Würze gibt er dem Fondue. Junger Emmentaler Käse zieht gerne Fäden.

Appenzeller Käse Typischer Geschmacksverstärker. Sparsam verwenden.

Wein Trockenen (herben) Weißwein von guter Qualität verwenden.

Brot Helles, halbweißes oder dunkles Brot mit viel Kruste nehmen.

Alkohol Der Alkohol verflüchtigt sich nach 7 bis 8 Minuten Kochzeit. Auch Kinder können deshalb am Fondueplausch teilhaben.

Sämiges Fondue Den geriebenen Käse 2 Stunden in den Wein einlegen.

Zu dünnes Fondue Nochmals etwa 1 Teelöffel Maisstärke in Kirsch oder Wein auflösen. Unter kräftigem Rühren zum Fondue geben. Köcheln lassen, bis die Stärke bindet.

Zu dickes Fondue Unter kräftigem Rühren etwas Wein dazugeben.

Das Fondue scheidet Wenig Maisstärke in Kirsch oder Wein auflösen, zusammen mit wenig Zitronensaft bei starker Hitze unter das Fondue rühren.

Zum Kapitel **Eingemachtes**

Sauberkeit Sie ist beim Einlegen in Essig oberstes Gebot. Schon ein Brotkrümelchen oder ein anderer Fremdkörper kann die Haltbarkeit beeinträchtigen. Das Gleiche gilt auch für die Rohprodukte: die Früchte und das Gemüse sollen gesund und marktfrisch sein.

Gefäße Die Gummiringe der Einmachgläser müssen unbeschädigt sein und luftdicht schließen.

Essig Er soll einen Mindest-Säuregehalt von 4% haben, besser aber 5 oder 6%. Nur so ist das Eingemachte auch wirklich haltbar. Es ist eine Frage der persönlichen Vorliebe, ob man Essig aus Weißwein, Rotwein oder Obstessig verwenden will. Nicht geeignet ist hingegen sogenannter «Salatwein», da dieser einen zu niedrigen Säuregehalt aufweist. Auch selbst hergestellten Essig sollte man nur verwenden, wenn man den Säuregehalt kennt.

Gewürze

Nach Möglichkeit frische Gewürze verwenden, da sie das ausgewogenste und vollste Aroma haben.

Blanchieren

Mit Ausnahme der Gurken muss das Gemüse, das nicht direkt im Essigsud gegart wird, vor dem Einlegen kurz blanchiert werden.

Einfüllen

Der Essigsud soll das Eingelegte nicht nur vollständig bedecken, sondern bis zum Rand des Einmachglases reichen.

Lagern

Das Eingemachte an einem möglichst kühlen, trockenen und dunklen Ort aufbewahren. Ab und zu kontrollieren.

Haltbarkeit

Das Eingemachte ist 6 bis 8 Monate haltbar. Bei zu warmem Lagerort und wenn das Eingemachte länger lagerfähig sein soll, empfiehlt sich das Sterilisieren.

Angebrochene Gläser

Sie lassen sich im Kühlschrank noch mindestens 2 Monate lagern. Allerdings: Auch bei der Entnahme des Eingemachten ist Sauberkeit sehr wichtig. Schon kleinste Verunreinigungen können eine Gärung auslösen.

Zum Kapitel **Desserts**

Sorbet

Je mehr Zucker dem Sorbet zugefügt wird, desto sämiger wird es. Es ist daher ratsam, bei Sorbets, die im Tiefkühler gefroren werden, etwas mehr Zucker zu nehmen. Am besten schmecken die Sorbets ganz frisch zubereitet, was praktisch nur zu Hause möglich ist. Übrigens sind für feine, extra sämige Sorbets einfache, kostengünstige Eismaschinen im Handel erhältlich. In der Eismaschine wird das Sorbet auch mit wenig Zucker sämig.

Aus dem Pfännchen

Im kleinen Pfännchen geschmolzener Käse, gewürzt mit einer Prise frischem Pfeffer, schmeckt einfach herrlich! In diesem kleinen, pflegeleichten Geschirr darf aber auch gebacken, getoastet, gratiniert und gedünstet werden, ganz nach Lust und Laune. Ob Kartoffeln, Gemüse, Pilze oder Früchte, mit einer bunten Palette kleiner Köstlichkeiten können alle Beteiligten ihre kulinarischen Vorlieben ausleben. Selbst raffinierte Pizzas in Miniformat gelingen; hier übernimmt das kleine Pfännchen die Funktion des Backblechs.

Schweinefilet Mozzarelline

- 100 g Schweinefilet
- 80 g Mozzarelline (kleine Mozzarellakugeln)
- 1 Tomate
- 1 kleine Dose Sardellenfilets (6 Filets)
- getrockneter Oregano
- Meersalz
- Pfeffer aus der Mühle

Vorbereiten

1.
Das Schweinefilet in 1 cm dicke Scheiben schneiden. Die Fleischscheiben zwischen zwei Klarsichtfolien möglichst flach klopfen.

2.
Die Mozzarelline in Scheiben schneiden. Bei der Tomate den Stielansatz kreisförmig herausschneiden, in Scheiben schneiden. Die Sardellenfilets abtropfen lassen und einrollen oder hacken.

Am Tisch

In jedes Pfännchen eine Fleischscheibe legen, darauf die Mozzarelline verteilen. Mit je einer Tomatenscheibe und Sardellen belegen. Mit Oregano, Salz und Pfeffer würzen. Unter dem Grill backen.

Abbildung oben

Überbackene Krevetten

- 1 kleiner roter Gemüsepaprika/ Peperoni
- 1 Bund Dill
- 150 g Krevetten/Garnelen
- wenig Zitronensaft
- Meersalz
- Pfeffer aus der Mühle
- 200 g Vacherin Mont d'Or

Vorbereiten

1.
Den Gemüsepaprika halbieren, den Stielansatz und die Kerne entfernen, in kleine Würfelchen schneiden. Den Dill fein hacken.

Am Tisch

Die Krevetten und den Gemüsepaprika in die Pfännchen verteilen. Mit Zitronensaft beträufeln, mit Salz und Pfeffer würzen. Unter dem Grill kurz dünsten. Die Pfännchen herausziehen, je 2 Esslöffel Vacherin Mont d'Or über die Krevetten verteilen, würzen und mit Dill bestreuen. Unter den Grill schieben und den Käse schmelzen lassen.

Abbildung unten

Kartoffel-Kürbis-Gratin

- 6 gekochte Raclettekartoffeln in der Schale
- 1 kleine Zwiebel
- 1 Bund Schnittlauch
- 100 g Kürbisfleisch
- 100 g milder Tilsiter Käse
- Meersalz
- Pfeffer aus der Mühle

Vorbereiten

1.
Die Kartoffeln schälen und in dünne Scheiben schneiden. Die Zwiebel fein hacken. Den Schnittlauch fein schneiden. Das Kürbisfleisch und den Käse mit der Röstiraffel raspeln.

Am Tisch

Zuerst die Kartoffeln, dann den Kürbis, den Käse und die Zwiebeln in die Pfännchen verteilen. Mit Salz und Pfeffer würzen. Unter dem Grill überbacken. Mit Schnittlauch bestreuen.

Abbildung oben

Schinken-Raclette

- 6 frische Ananasscheiben oder Ananas aus der Dose
- 3 Scheiben Parmaschinken
- 200 g Raclettekäse, in Scheiben
- 2 rote Pfefferschoten/Peperoncini
- Meersalz
- Pfeffer aus der Mühle

Vorbereiten

1.
Die Ananasscheiben nach Belieben ganz lassen oder in kleine Stücke schneiden. Die Schinkenscheiben halbieren. Den Käse in Würfelchen schneiden. Die Pfefferschoten in Ringe schneiden.

Am Tisch

Die Ananas in die Pfännchen legen. Unter dem Grill kurz dünsten. Die Pfännchen herausziehen, die Ananas mit Salz und Pfeffer würzen und mit je einer halben Schinkenscheibe belegen. Die Käsewürfelchen und die Pfefferschotenringe darauf verteilen. Unter dem Grill überbacken.

Abbildung unten

Kartoffel-Raclette

- 8 gekochte Raclettekartoffeln
- 1 Stück Lauch
- 2 Scheiben Modelschinken
- 150 g Raclettekäse, am Stück
- wenig Butter
- Pfeffer

Vorbereiten

1.

Die Kartoffeln schälen und in dünne Scheiben schneiden. Den Lauch in feine Scheiben, den Schinken in kleine Vierecke schneiden. Den Käse mit der Röstiraffel raspeln.

Am Tisch

Wenig Butter in die Pfännchen geben, auf dem Grill schmelzen, den Lauch beigeben und kurz dünsten, herausnehmen.

Die Kartoffeln in die Pfännchen legen, darauf den Lauch und den Schinken verteilen. Mit Pfeffer würzen und mit dem Käse bestreuen. Unter dem Grill überbacken.

Pilz-Kartoffel-Gratin

- 6 gekochte Raclette-Schalenkartoffeln
- 75 g Champignons
- Meersalz
- Pfeffer aus der Mühle
- geriebene Muskatnuss
- 50 g Speck
- 120 g Greyerzer Käse

Vorbereiten

1.

Die Kartoffeln schälen und in dünne Scheiben schneiden. Die Champignons putzen und in Scheiben schneiden. Den Speck in kleine Würfel schneiden. Den Käse mit der Röstiraffel raspeln.

Am Tisch

Zuerst die Kartoffeln, dann die Pilze in die Pfännchen verteilen. Mit Salz, Pfeffer und Muskatnuss würzen. Den Speck und den Käse darüber verteilen. Unter dem Grill überbacken.

Fleischpizza

Teig
- 10 g Hefe
- 150 ml/1,5 dl lauwarmes Wasser
- 250 g Vollkornmehl
- 1 TL Meersalz
- 1 EL Öl

- oder 1 fertiger Pizzateig, rechteckig ausgerollt

Belag
- 1 kleine Zwiebel
- 1/2 Gemüsepaprika/Peperoni
- 60 g Greyerzer Käse
- 120 g Hackfleisch, vom Schwein, Rind, Kalb oder gemischt
- Meersalz
- Pfeffer aus der Mühle
- Paprikapulver
- getrockneter Majoran
- 3 TL Ketschup

Vorbereiten

1.

Für den Teig die Hefe mit zwei Esslöffeln Wasser flüssig rühren. Das Mehl und das Salz in einer Schüssel mischen. Das restliche Wasser, die angerührte Hefe und das Öl dazugießen, während 5 bis 10 Minuten zu einem geschmeidigen Teig kneten. Ist der Teig zu trocken, knetet man etwas Wasser ein, ist er zu feucht, knetet man wenig Mehl ein. Den Teig zugedeckt an einem warmen Ort auf das doppelte Volumen aufgehen lassen.

2.

Den Teig nochmals kurz kneten, ausrollen und in pfännchengroße Rechtecke schneiden.

3.

Die Zwiebel fein hacken. Beim Gemüsepaprika Stielansatz und Kerne entfernen, in Würfelchen schneiden. Den Käse mit der Röstiraffel raspeln.

Am Tisch

Wenig Zwiebeln und Gemüsepaprika in die Pfännchen verteilen. Auf dem Grill kurz dünsten. Je zwei Teelöffel Hackfleisch beigeben und unter Wenden anbraten. Mit Salz, Pfeffer, Paprikapulver und Majoran würzen. Herausnehmen.

Die Pfännchen mit Pizzateig belegen. Den Teig mit einem halben Teelöffel Ketschup bestreichen. Das angebratene Fleisch darauf verteilen. Mit Käse bestreuen.

Die Pizzas zuerst auf dem Grill rund 5 Minuten, dann unter dem Grill 2 bis 3 Minuten backen.

Emmentaler Flammechüechli

Teig
- 10 g Hefe
- 150 ml/1,5 dl lauwarmes Wasser
- 250 g Vollkornmehl
- 1 TL Meersalz
- 1 EL Öl

- oder 1 fertiger Pizzateig, rechteckig ausgerollt

Belag
- 1 Zwiebel
- 3 Scheiben Frühstücksspeck
- 50 g Emmentaler Käse
- 3 EL Quark
- Meersalz
- Pfeffer aus der Mühle
- geriebene Muskatnuss

Vorbereiten

1.
Den Teig zubereiten, ausrollen und schneiden wie bei der Fleischpizza, Seite 21, beschrieben.

2.
Die Zwiebel in Scheiben, den Speck in Streifen schneiden. Den Käse mit der Röstiraffel raspeln.

Am Tisch

Die Pfännchen mit Pizzateig belegen. Den Teig mit einem Teelöffel Quark bestreichen, mit Salz, Pfeffer und Muskatnuss würzen. Zwiebeln und Speck darauf verteilen, den Käse darüber streuen. Die Küchlein zuerst auf dem Grill rund 5 Minuten, dann unter dem Grill 2 bis 3 Minuten backen.

Abbildung unten

Gemüsegärtchen

Teig
- 10 g Hefe
- 150 ml/1,5 dl lauwarmes Wasser
- 250 g Vollkornmehl
- 1 TL Meersalz
- 1 EL Öl

- oder 1 fertiger Pizzateig, rechteckig ausgerollt

Belag
- 200 g gegartes Mischgemüse, z. B. Brokkoli, Möhren/Karotten, Stangen-/Staudensellerie, Gemüsepaprika/Peperoni, Kohlrabi
- 100 g Mozzarella
- 6 EL fertige Tomatensauce
- Meersalz
- Pfeffer aus der Mühle
- italienische Kräutermischung

Vorbereiten

1.
Den Teig zubereiten, ausrollen und schneiden wie bei der Fleischpizza, Seite 21, beschrieben.

2.
Das Gemüse klein schneiden. Den Mozzarella klein würfeln.

Am Tisch

Die Pfännchen mit Pizzateig belegen. Den Teig mit einem Esslöffel Tomatensauce bestreichen. Das Gemüse und den Mozzarella darauf verteilen, mit Salz, Pfeffer und Kräutern würzen.
Die Gemüsegärtchen zuerst auf dem Grill rund 5 Minuten, dann unter dem Grill 2 bis 3 Minuten backen.

Abbildung oben

Kinderpizza

Teig
- 10 g Hefe
- 150 ml/1,5 dl lauwarmes Wasser
- 250 g Vollkornmehl
- 1 TL Meersalz
- 1 EL Öl

- oder 1 fertiger Pizzateig, rechteckig ausgerollt

Belag
- 1 Servela (Brühwurst)
- 100 g Mozzarella
- 6 EL fertige Tomatensauce
- italienische Kräutermischung

Vorbereiten

1.

Den Teig zubereiten, ausrollen und schneiden wie bei der Fleischpizza, Seite 21, beschrieben.

2.

Die Servela in dünne Scheiben schneiden. Nach Belieben aus den Wurstscheiben kleine Motive ausstechen. Den Mozzarella in kleine Würfel schneiden.

Am Tisch

Die Pfännchen mit Pizzateig belegen. Den Teig mit einem Esslöffel Tomatensauce bestreichen. Zuerst den Mozzarella darauf verteilen, dann die Wurstscheiben.

Die Pizzas zuerst auf dem Grill rund 5 Minuten, dann unter dem Grill 2 bis 3 Minuten backen.

Abbildung unten

Pikanter Apfelfladen

Teig
- 10 g Hefe
- 150 ml/1,5 dl lauwarmes Wasser
- 250 g Vollkornmehl
- 1 TL Meersalz
- 1 EL Öl

- oder 1 fertiger Pizzateig, rechteckig ausgerollt

Belag
- 1 Apfel
- 1 kleine Zwiebel
- 60 g Emmentaler Käse
- 6 EL Crème fraîche/Sauerrahm
- Meersalz
- Pfeffer aus der Mühle
- wenig Kümmel

Vorbereiten

1.

Den Teig zubereiten, ausrollen und schneiden wie bei der Fleischpizza, Seite 21, beschrieben.

2.

Den Apfel ungeschält vierteln, das Kerngehäuse entfernen und die Fruchtviertel in dünne Spalten schneiden. Die Zwiebel in dünne Scheiben schneiden. Den Käse in Scheibchen schneiden.

Am Tisch

Die Pfännchen mit Pizzateig belegen. Den Teig mit einem Esslöffel Crème fraîche bestreichen, mit Salz und Pfeffer würzen. Äpfel, Zwiebeln und Käse ziegelartig darauf auslegen. Mit Kümmel bestreuen.

Die Apfelfladen zuerst auf dem Grill rund 5 Minuten, dann unter dem Grill 2 bis 3 Minuten backen.

Abbildung oben

Scharfer Käsetoast

- 200 g Tilsiter Käse
- 1 Zwiebel
- 1 Knoblauchzehe
- 6 Cornichons oder
  3 Gewürzgurken
- 2 EL Rotweinessig
- 2 EL Sonnenblumenöl
- 1/2 TL Paprikapulver
- wenig Chilipulver
- 1 EL rote Pfefferkörner
- 6 dünne Scheiben Vollkorn-Toastbrot

Vorbereiten

1.

Den Käse und die Zwiebel auf einer groben Reibe raspeln. Den Knoblauch fein hacken. Die Cornichons oder die Gurken in Scheiben schneiden.

2.

Essig und Öl verrühren, mit Paprika, Chili und den Pfefferkörnern würzen. Den Knoblauch und die Cornichons untermischen. Den Käse und die Zwiebeln beifügen, alles gut vermengen.

Am Tisch

Die Brotscheiben in die Pfännchen legen und unter dem Grill beidseits toasten.
Die Pfännchen herausziehen. Die Käsemischung auf den Brotscheiben verteilen. Unter dem Grill überbacken.

Abbildung oben

Sizilianischer Toast

- 150 g Parmesan
- 3 EL Kapern
- 8 schwarze Oliven
- 2 Sardellenfilets
- wenig frische Kräuter
- 2 EL Balsamessig
- 2 EL Olivenöl extra nativ
- Pfeffer aus der Mühle
- geriebene Muskatnuss
- 6 dünne Scheiben Vollkorn-Toastbrot

Vorbereiten

1.

Den Käse nicht zu fein reiben. Kapern, Oliven, Sardellen und Kräuter fein hacken und zum Käse geben.

2.

Essig und Öl verrühren, mit Pfeffer und Muskatnuss würzen. Die Sauce zum Käse geben, alles gut vermengen.

Am Tisch

Die Brotscheiben in die Pfännchen legen und unter dem Grill beidseits toasten.
Die Pfännchen herausziehen. Die Käsemischung auf den Brotscheiben verteilen. Unter dem Grill überbacken.

Abbildung unten

Gebackene Bananen

- 2 EL flüssiger Honig
- 1 EL Zitronensaft
- 1 große oder 2 kleine Bananen
- 3 EL Kokosflocken
- 1 EL Butter

Vorbereiten

1.

Den Honig mit dem Zitronensaft gut verrühren. Die Bananen schälen und in Scheiben schneiden.

2.

Die Bananenscheiben zuerst im Honig, dann in den Kokosflocken wenden.

Am Tisch

Wenig Butter in die Pfännchen verteilen. Die Pfännchen auf den Grill stellen. Sobald die Butter geschmolzen ist, die Bananen in die Pfännchen geben und beidseits knusprig backen.

Abbildung links

Gratinierte Aprikosen

Nusskrokant
- 75 g Haselnüsse
- 75 g Butter
- 75 g Vollrohrzucker

- 12 frische reife Aprikosen oder Aprikosen aus der Dose
- 3 EL Aprikosenlikör oder Grand Marnier, nach Belieben
- 200 g Crème double/Doppelrahm

Vorbereiten

1.

Die Haselnüsse grob hacken. Die Butter in einer kleinen Bratpfanne schmelzen, Nüsse und Zucker beifügen, so lange wenden, bis der Zucker hellbraun karamellisiert. Auf ein leicht bebuttertes kleines Blech geben und auskühlen lassen. Die hart gewordene Masse mit einer Teigrolle grob zerstoßen.

2.

Die Aprikosen mit einer Gabel rundum einstechen. Kurz in kochendes Wasser tauchen, herausnehmen und die Haut abziehen. Die Früchte halbieren und den Stein und den Stielansatz entfernen.

Am Tisch

Die Aprikosenhälften mit der Schnittfläche nach oben in die Pfännchen legen. Nach Belieben mit Aprikosenlikör oder Grand Marnier beträufeln. Die Crème double darüber verteilen, mit dem Nusskrokant bestreuen. Unter dem Grill überbacken.

Abbildung rechts

Tomme-Toast

- 1 Tomme
- 75 g Raclettekäse
- 1 kleine Schalotte
- wenig frische Kräuter
- 1 EL Senf
- 3 TL Crème fraîche/saurer Halbrahm
- einige Tropfen Worcestersauce
- einige Tropfen Tabascosauce
- Meersalz
- Pfeffer aus der Mühle
- 1 EL Kümmel
- 6 dünne Scheiben Vollkorn-Toastbrot

Vorbereiten

1.

Den Tomme mit einer Gabel zerdrücken, den Raclettekäse in Würfelchen schneiden und beifügen. Die Schalotte und die Kräuter fein hacken, zum Käse geben. Senf, Crème fraîche und alle Gewürze beifügen, alles gut vermengen.

Am Tisch

Die Brotscheiben in die Pfännchen legen und unter dem Grill beidseits toasten. Die Pfännchen herausziehen, die Käsemischung auf den Brotscheiben verteilen. Unter dem Grill überbacken.

Birnen-Kartoffel-Gratin

- 6 gekochte Raclette-Schalenkartoffeln
- 2 kleine Birnen
- 50 g Roquefortkäse
- 3 EL Crème fraîche/saurer Halbrahm
- Meersalz
- Pfeffer aus der Mühle

Vorbereiten

1.

Die Kartoffeln schälen und in dünne Scheiben schneiden. Die Birnen schälen, vierteln und das Kerngehäuse entfernen. Die Fruchtviertel quer in Scheibchen schneiden.

2.

Den Roquefortkäse zerbröckeln und mit der Crème fraîche sehr gut verrühren.

Am Tisch

Die Kartoffeln und die Birnen in die Pfännchen verteilen. Mit Salz und Pfeffer würzen. Je einen Esslöffel Käsemasse darüber ausstreichen. Unter dem Grill überbacken.

Focacce und Kleingebäck zum Apéro

Für einmal ist nicht in den weichen Sesseln Apéro-Time ... Auch die Schalen und Schälchen mit dem üblichen Knabbergebäck fehlen. Bereit stehen dafür Racletteofen oder Tischgrill ... und in kleinen Schälchen Würziges wie geriebener Käse, Schinkenstreifen, gehackte Kräuter, Paprikastreifen, Mohnsamen, Sesamsamen, grobkörniges Salz, Kümmel usw. Das Tüpfchen auf dem i sind aber zweifelsohne die hausgemachten Teige, die in der Küche zu rechteckigen Plätzchen geschnittten oder mit verschiedenen Förmchen ausgestochen wurden. Nun kann das Apéro-Vergnügen beginnen. Man braucht nur das Teigplätzchen ins Pfännchen zu legen und nach seiner Vorliebe zu belegen und zu würzen.

Schinkenfocaccia

- 40 g Schinken oder Speck, am Stück
- 10 g Hefe
- 1 EL lauwarme Milch
- 125 g Dinkelruchmehl
- 2 Prisen Meersalz
- 25 g geriebener Parmesan
- 25 g zimmerwarme Butter
- ca. 50 ml/0,5 dl lauwarme Milch

Vorbereiten

1.
Den Schinken in Würfelchen schneiden.

2.
Die Hefe mit der Milch flüssig rühren.

3.
Mehl, Salz und Käse in einer Schüssel mischen. Die in Stückchen geschnittene Butter, Hefe und lauwarme Milch dazugeben. Alles zusammenfügen und während rund 5 Minuten zu einem geschmeidigen Teig kneten. Die Schinkenwürfelchen einkneten. Den Teig zugedeckt an einem warmen Ort auf das doppelte Volumen aufgehen lassen.

4.
Den Teig nochmals kurz kneten und auf der bemehlten Arbeitsfläche etwa 7 mm dick ausrollen. In pfännchengroße Rechtecke schneiden.

Am Tisch

Die Teigstücke in die Pfännchen legen. Schinkenfocaccia zuerst auf dem Grill rund 3 Minuten, dann unter dem Grill etwa 4 Minuten backen.

Käsefocaccia

- 10 g Hefe
- 1 EL lauwarmes Wasser
- 125 g Dinkelruchmehl
- $^1/_2$ TL Meersalz
- 25 g geriebener Sbrinz oder Parmesan
- 50 g geriebener Greyerzer Käse
- ca. 50 ml/0,5 dl lauwarmes Wasser
- 1 EL Kümmel
- 1 TL Olivenöl extra nativ
- 1 Zwiebel

Vorbereiten

1.
Die Hefe mit dem Wasser flüssig rühren.

2.
Mehl, Salz und Käse in einer Schüssel mischen. Hefe, lauwarmes Wasser, Kümmel und Öl beifügen. Alles zusammenfügen und während rund 5 Minuten zu einem geschmeidigen Teig kneten. Den Teig zugedeckt an einem warmen Ort auf das doppelte Volumen aufgehen lassen.

3.
Den Teig nochmals kurz kneten und auf der bemehlten Arbeitsfläche etwa 7 mm dick ausrollen. In pfännchengroße Rechtecke schneiden.

4.
Die Zwiebel in feine Scheiben schneiden.

Am Tisch

Die Teigstücke in die Pfännchen legen, die Zwiebelscheiben darauf verteilen. Käsefocaccia zuerst auf dem Grill rund 3 Minuten, dann unter dem Grill etwa 4 Minuten backen.

Knusperfladen

- 10 g Hefe
- 1 EL lauwarmes Wasser
- 100 g Dinkelruchmehl
- 2 Prisen Meersalz
- ca. 50 ml/0,5 dl lauwarmes Wasser
- 1 EL Olivenöl extra nativ
- 1 TL Sonnenblumenkerne
- 1 TL Kürbiskerne
- 1 TL Sesamsamen

Vorbereiten

1.
Die Hefe mit dem Wasser flüssig rühren.

2.
Mehl und Salz in einer Schüssel mischen. Hefe, lauwarmes Wasser und Olivenöl beifügen. Alles zusammenfügen und während rund 5 Minuten zu einem geschmeidigen Teig kneten. Die Kerne und die Samen einkneten. Den Teig zugedeckt an einem warmen Ort auf das doppelte Volumen aufgehen lassen.

3.
Den Teig nochmals kurz kneten und auf der bemehlten Arbeitsfläche etwa 4 mm dick ausrollen. In pfännchengroße Rechtecke schneiden.

Am Tisch

Die Teigstücke in die Pfännchen legen Die Knusperfladen zuerst auf dem Grill rund 3 Minuten, dann unter dem Grill nochmals 3 Minuten backen.

Abbildung Seite 34

Kräuterfladen

- 10 g Hefe
- 1 EL lauwarmes Wasser
- 125 g Weizenschrot
- 60 g Vollkornmehl
- 1 TL Meersalz
- reichlich frisch gemahlener Pfeffer
- 1 Knoblauchzehe
- 4 EL gehackte Kräutermischung, z. B. Rosmarin, Majoran, Basilikum, Schnittlauch
- 90 g Naturjogurt

Vorbereiten

1.
Die Hefe mit dem Wasser flüssig rühren.

2.
Schrot, Mehl, Salz und Pfeffer mischen. Den Knoblauch dazupressen. Hefe, Kräuter und Jogurt untermischen. Alles zusammenfügen und während rund 5 Minuten zu einem geschmeidigen Teig kneten. Den Teig zugedeckt an einem warmen Ort auf das doppelte Volumen aufgehen lassen.

3.
Den Teig nochmals kurz kneten und auf der bemehlten Arbeitsfläche etwa 4 mm dick ausrollen. Mit Förmchen beliebige Motive ausstechen.

Am Tisch

Die Teigplätzchen in die Pfännchen legen. Die Kräuterfladen zuerst auf dem Grill rund 3 Minuten, dann unter dem Grill nochmals 3 Minuten backen.

Crackers

- 100 g Vollkornmehl
- 1 TL Vollrohrzucker
- $^1/_2$ TL Meersalz
- 50 g geriebener Parmesan
- 1 EL Kümmel
- 1 EL Mohnsamen
- 60 g zimmerwarme Butter
- 3 EL Wasser

Vorbereiten

1.

Mehl, Zucker, Salz, Käse, Kümmel und Mohn in einer Schüssel mischen. Die Butter in kleine Stückchen schneiden und mit dem Wasser beifügen. Alles schnell zu einem geschmeidigen Teig kneten. Den Teig 30 Minuten zugedeckt ruhen lassen.

2.

Den Teig auf der bemehlten Arbeitsfläche etwa 4 mm dick ausrollen. Mit einem Förmchen beliebige Motive ausstechen.

Am Tisch

Die Teigplätzchen in die Pfännchen legen. Die Crackers kurz auf den Grill stellen, dann unter dem Grill kurz fertig backen. Gesamte Backzeit rund 1 Minute.

Abbildung

Pariser Käsestängel

- 100 g Dinkelvollkornmehl
- 70 g kalte Butter, in Stückchen
- 75 g geriebener Greyerzer Käse
- geriebene Muskatnuss
- 1 Prise Meersalz
- Pfeffer aus der Mühle
- 1 EL Crème fraîche

Vorbereiten

1.

Mehl, Butter, Käse und Gewürze in einer Schüssel mischen, zwischen den Fingern schnell zu einer gleichmäßig krümeligen Masse reiben. Die Crème fraîche beifügen, kurz kneten, aber nur so lange, bis der Teig zusammenhält.

2.

Den Teig auf der bemehlten Arbeitsfläche etwa 4 mm dick ausrollen. Mit dem Teigrädchen in etwa 2 cm breite und 5 cm lange Streifen schneiden.

Am Tisch

Die Teigstreifen in die Pfännchen legen. Die Käsestängel unter dem Grill 5 bis 6 Minuten backen.

Abbildung

Abbildung
links: Crackers
rechts: Pariser Käsestengel
oben: Knusperfladen,
Rezept Seite 33
unten: Blätterteiggebäck mit Kräutern,
Rezept Seite 36

Paprikafladen

- $^1/_2$ roter Gemüsepaprika/Peperoni
- 10 g Hefe
- 1 EL lauwarmes Wasser
- 150 g Vollkornmehl
- 2 Prisen Meersalz
- $^1/_2$ TL italienische Kräutermischung
- ca. 50 ml/0,5 dl lauwarmes Wasser
- 1 TL Olivenöl extra nativ
- 1 EL Quark

Vorbereiten

1.
Beim Gemüsepaprika den Stielansatz und die Kerne entfernen, in sehr kleine Würfelchen schneiden.

2.
Die Hefe mit dem Wasser flüssig rühren.

3.
Mehl, Salz und Kräuter mischen. Hefe, lauwarmes Wasser, Olivenöl und Quark beifügen. Alles zusammenfügen und während 5 Minuten zu einem geschmeidigen Teig kneten. Die Paprikawürfelchen einkneten. Den Teig zugedeckt an einem warmen Ort auf das doppelte Volumen aufgehen lassen.

4.
Den Teig nochmals kurz kneten. Von Hand etwa 1 cm dicke, kleine Fladen formen.

Am Tisch

Die Teigfladen in die Pfännchen legen. Die Paprikafladen zuerst auf dem Grill rund 3 Minuten, dann unter dem Grill nochmals 4 Minuten backen.

Blätterteiggebäck mit Kräutern

- 250 g Blätterteig

Belag
- 1 Bund Petersilie
- 1 Bund Schnittlauch
- 6 EL Crème fraîche
- Meersalz
- Pfeffer aus der Mühle

Vorbereiten

1.
Den Blätterteig rechteckig ausrollen, etwa 3 mm dick. Das Teigblatt in pfännchengroße Rechtecke schneiden.

2.
Die Petersilie fein hacken, den Schnittlauch fein schneiden.

Am Tisch

Die Teigplätzchen in die Pfännchen legen und mit einer Gabel mehrmals einstechen. Den Teig mit Crème fraîche bestreichen und mit Salz und Pfeffer würzen. Die Kräuter darüber streuen. Die Kräuterplätzchen zuerst auf dem Grill rund 5 Minuten, dann unter dem Grill 3 bis 4 Minuten backen.

Abbildung Seite 34

Fondues

Fondue heißt auf Deutsch «Geschmolzenes». Und das macht im Fall von Käse auch Sinn. Es ist nun aber nicht so, dass geschmolzener Käse automatisch zum Fondue wird. Da braucht es schon etwas mehr: eine gute Käsemischung, trockenen Weißwein, wenig Stärkemehl, allerlei Gewürze und vor allem eine konstante Wärmezufuhr. Die Rezepte in diesem Buch sind selbstverständlich nur eine kleine Auswahl. Experimentieren ist erwünscht!

Bei Fondue bourguignonne, Fondue chinoise usw. wurde der Begriff «Fondue» offensichtlich neu definiert. Und «Fondue» meint: kleine Stückchen von Fleisch, Fisch, Gemüse ... in eine heiße Flüssigkeit eintauchen, sei es eine Gemüse- oder Fleischbrühe, Weißwein oder Öl. Aber das erklärt nicht alles. Hier dürfte bei der Namensgebung geselliges, gemeinsames, ungezwungenes Essen in der Runde ausschlaggebend gewesen sein ... so wie man es eben von einem Käsefondue her gewohnt ist.

Neuenburger Fondue

- 1 Knoblauchzehe
- 600 g reifer Greyerzer Käse
- 200 g reifer Emmentaler Käse
- 4 TL Maisstärke
- 350 ml/3,5 dl trockener Weißwein
- 1 TL Zitronensaft
- 50 ml/0,5 dl Kirsch
- Pfeffer aus der Mühle
- wenig geriebene Muskatnuss

- 500 g Halbweißbrot

Vorbereiten

1.
Das Brot in mundgerechte Würfel schneiden.

2.
Die Knoblauchzehe schälen und längs halbieren, den Caquelon mit der Schnittfläche einreiben.

3.
Den Käse mit der Röstiraffel raspeln, mit der Maisstärke im Caquelon mischen. Den Weißwein und den Zitronensaft dazugießen. Auf dem Kochherd unter Rühren köcheln lassen, bis der Käse geschmolzen und das Fondue von sämiger Konsistenz ist. Den Kirsch zufügen. Noch einmal kurz köcheln lassen. Mit Pfeffer und Muskatnuss würzen.

Am Tisch

Den Caquelon auf das Rechaud stellen. Die Brotwürfel in das Fondue tauchen.

Raclette-Fondue

- 1 Bund Schnittlauch
- 1 Knoblauchzehe
- 800 g rezenter Raclettekäse, am Stück
- 200 ml/2 dl Milch
- 2 EL Butter
- Pfeffer aus der Mühle
- Paprikapulver
- 1 TL Kümmel

- 8 Kartoffeln
- 250 g Schwarzbrot/Ruchbrot

Vorbereiten

1.
Die Kartoffeln in der Schale weich kochen. Warm stellen.

2.
Das Brot in mundgerechte Würfel schneiden. Den Schnittlauch fein schneiden.

3.
Die Knoblauchzehe schälen und längs halbieren, den Caquelon mit der Schnittfläche einreiben.

4.
Den Käse klein würfeln, zusammen mit der Milch in den Caquelon geben. Das Fondue auf dem Kochherd auf mittlerem Feuer unter Rühren cremig werden lassen. Nicht kochen! Die Butter unterrühren. Mit Pfeffer, Paprika und Kümmel würzen. Den Schnittlauch beifügen.

Am Tisch

Den Caquelon auf das Rechaud stellen. Das Fondue auf kleinster Flamme warm halten, es darf auf keinen Fall kochen. Die Kartoffeln nach Belieben schälen und würfeln. Kartoffel- und Brotwürfel in das Fondue tauchen.

Fonduta-Fondue

- 400 g Greyerzer Käse
- 200 ml/2 dl Milch
- 2 EL Butter
- 4 Eigelb
- weißer Pfeffer aus der Mühle

- 500 g Schwarzbrot/Ruchbrot

Vorbereiten

1.
Den Käse mit der Röstiraffel grob raspeln, mit der Milch übergießen und 2 Stunden stehen lassen.

2.
Den Backofen auf 220 Grad vorheizen.

3.
Das Brot in große Würfel schneiden und auf ein Backblech verteilen, im vorgeheizten Ofen hellbraun rösten.

4.
Den geriebenen Käse und die Butter in den Caquelon geben und auf dem Kochherd auf mittlerem Feuer unter Rühren heiß werden lassen, keinesfalls kochen. Der Käse soll nur schmelzen. Den Caquelon vom Feuer ziehen. Ein Eigelb nach dem andern unterrühren. Den Caquelon wieder auf die Wärmequelle stellen und die Käsecreme heiß werden lassen, bis sie dicklich ist – nicht kochen. Mit Pfeffer würzen. Die Käsecreme ist etwas dünnflüssiger als das herkömmliche Fondue.

Am Tisch

Den Caquelon auf das Rechaud stellen Das Fondue auf kleinster Flamme warm halten, es darf auf keinen Fall kochen. Die gerösteten Brotwürfel in das Fondue tauchen.

Ostschweizer Fondue

- 4 Äpfel
- 350 ml/3,5 dl Apfelwein
- 400 g Appenzeller Käse
- 200 g Tilsiter Käse
- 200 g Arenenberger Käse oder ein anderer Rotschmierkäse
- 4 TL Maisstärke
- 1 Knoblauchzehe
- 1 TL Zitronensaft
- 50 ml/0,5 dl Calvados
- Pfeffer, Muskatnuss

- 500 g Halbweißbrot

Vorbereiten

1.
Die Äpfel schälen, vierteln und entkernen. Die Fruchtviertel in Spalten schneiden. Mit dem Apfelwein aufkochen und etwa 15 Minuten zugedeckt sanft ziehen lassen. Die Äpfel herausnehmen, den Sud aufbewahren.

2.
Das Brot in Würfel schneiden.

3.
Den Appenzeller Käse mit der Röstiraffel raspeln, den übrigen Käse klein würfeln. Den Käse im Caquelon mit der Maisstärke mischen. Die geschälte Knoblauchzehe dazupressen. Den Zitronensaft und den Apfelweinsud darüber gießen. Unter Rühren auf dem Kochherd köcheln lassen, bis der Käse geschmolzen ist. Den Calvados beifügen, nochmals kurz köcheln lassen. Würzen.

Am Tisch

Den Caquelon auf ein Rechaud stellen. Die Brotwürfel in das Fondue tauchen. Die Äpfel separat dazu servieren.

Älpler Fondue

- 200 g Penne/Makkaroni
- 1 kg kleine Kartoffeln

- 3 Zwiebeln
- 1 EL Butterschmalz/Bratbutter
- 400 g milder Bergkäse
- 400 g Greyerzer Käse
- 400 ml/2 dl Milch
- 4 TL Maisstärke
- 200 ml/2 dl trockener Weißwein
- schwarzer Pfeffer aus der Mühle

Vorbereiten

1.
Die Teigwaren in viel Salzwasser al dente kochen. Warm stellen.

2.
Die Kartoffeln in der Schale weich kochen. Warm stellen.

3.
Den Bergkäse klein würfeln, den Greyerzer Käse mit der Röstiraffel raspeln.

4.
Die Zwiebeln in Scheiben schneiden, im Butterschmalz bräunen.

5.
Die Milch mit der Maisstärke verrühren, mit dem Weißwein und dem Käse in den Caquelon geben. Auf dem Kochherd unter Rühren aufkochen, zu einem sämigen Fondue köcheln. Die Zwiebeln beifügen. Mit Pfeffer würzen.

Am Tisch

Den Caquelon auf ein Rechaud stellen. Die Penne und die Kartoffeln in das Fondue tauchen.

Abbildung

Williams-Fondue

- 50 g Roquefort
- 200 g Bergkäse
- 200 g milder Greyerzer Käse
- 200 g rezenter Greyerzer Käse
- 150 g Tilsiter Käse
- 4 TL Maisstärke
- 350 ml/3,5 dl Apfelwein
- 50 ml/0,5 dl Williams/Birnenbranntwein
- schwarzer Pfeffer aus der Mühle

- 500 g Schwarzbrot/Ruchbrot

- 4 reife Birnen

Vorbereiten

1.
Das Brot in mundgerechte Würfel schneiden.

2.
Die Birnen schälen, vierteln und das Kerngehäuse entfernen. Die Fruchtviertel in Spalten schneiden. Harte Birnen in Zuckersirup weich kochen.

3.
Roquefort zerbröckeln, Greyerzer Käse mit der Röstiraffel raspeln, Tilsiter Käse klein würfeln. Den Käse mit der Maisstärke im Caquelon mischen. Den Apfelwein und den Williams dazugießen, auf dem Kochherd unter Rühren zu einem sämigen Fondue köcheln. Mit Pfeffer würzen.

Am Tisch

Den Caquelon auf das Rechaud stellen. Die Brotwürfel und die Birnenspalten in das Fondue tauchen.

Schweizer Fondue

- 200 g Greyerzer Käse
- 200 g Emmentaler Käse
- 200 g Appenzeller Käse
- 200 g Freiburger Vacherin
- 350 ml/3,5 dl trockener Weißwein
- 1 Knoblauchzehe
- 4 TL Maisstärke
- 50 ml/0,5 dl Kirsch
- 1 TL Zitronensaft
- schwarzer Pfeffer aus der Mühle
- geriebene Muskatnuss

- 500 g Halbweißbrot

Vorbereiten

1.
Greyerzer Käse, Emmentaler Käse und Appenzeller Käse mit der Röstiraffel raspeln, Freiburger Vacherin klein würfeln. Den Käse mit dem Wein mischen, 2 Stunden stehen lassen.

2.
Das Brot in Würfel schneiden.

3.
Die Knoblauchzehe schälen und längs halbieren, den Caquelon mit der Schnittfläche einreiben.

4.
Die Maisstärke mit dem Kirsch verrühren.

5.
Den Käse samt Flüssigkeit in den Caquelon geben und auf mittlerem Feuer auf dem Kochherd unter ständigem Rühren schmelzen. Die angerührte Maisstärke und den Zitronensaft unterrühren, nochmals kurz köcheln lassen. Mit Pfeffer und Muskatnuss würzen.

Am Tisch

Den Caquelon auf ein Rechaud stellen. Die Brotwürfel in das Fondue tauchen.

Pilzfondue

- 20 g getrocknete Morcheln
- 20 g getrocknete Steinpilze
- 400 g Greyerzer Käse
- 200 g Freiburger Vacherin
- 100 g Tilsiter Käse
- 6 TL Maisstärke
- 1 Bund Petersilie
- 1 Zwiebel
- 1 EL Butter
- schwarzer Pfeffer aus der Mühle

- 500 g Baguette/Stangenweißbrot

Vorbereiten

1.
Die Pilze etwa 20 Minuten in 400 ml/4 dl Wasser einweichen. In ein feines Sieb gießen, das Einweichwasser auffangen. Die Pilze unter fließendem kaltem Wasser waschen.

2.
Das Brot in mundgerechte Würfel schneiden. Greyerzer Käse mit der Röstiraffel raspeln, Freiburger Vacherin klein würfeln. Die Maisstärke mit 100 ml/1 dl Pilzwasser anrühren. Die Petersilie und die Zwiebel fein hacken.

3.
Die Butter im Caquelon auf dem Kochherd zerlassen, die Petersilie und die Zwiebeln darin kurz dünsten. Die Pilze beifügen, ein paar Minuten mitdünsten, mit dem restlichen Pilzwasser angießen. Den Käse beifügen und unter Rühren schmelzen. Die angerührte Maisstärke beifügen, das Fondue nochmals kurz köcheln lassen. Mit Pfeffer würzen.

Am Tisch

Den Caquelon auf ein Rechaud stellen. Die Brotwürfel in das Fondue tauchen.

Tomatenfondue

- 4 Tomaten
- 400 g Greyerzer Käse
- 200 g Bergkäse
- 200 g Sbrinz
- 1 Zwiebel
- 2 Knoblauchzehen
- 1 EL Butter
- 2 EL Tomatenmark
- 350 ml/3,5 dl trockener Weißwein
- 4 TL Maisstärke
- 50 ml/0,5 dl Grappa
- Paprikapulver
- Pfeffer aus der Mühle
- Cayennepfeffer
- 1 Prise Vollrohrzucker

- 500 g Tessinerbrot

Vorbereiten

1.

Die Tomaten an der Spitze kreuzweise einschneiden, in einem Schaumlöffel in siedendes Wasser tauchen, bis sich die Haut zu lösen beginnt. Die Tomaten schälen, den Stielansatz kreisförmig herausschneiden, die Früchte klein würfeln.

2.

Greyerzer Käse mit der Röstiraffel raspeln, Bergkäse klein würfeln, Sbrinz mit der Bircher-Rohkostreibe reiben. Das Brot in mundgerechte Würfel schneiden. Die Zwiebel und den Knoblauch fein hacken.

3.

Die Butter im Caquelon auf dem Herd zerlassen, die Zwiebeln und den Knoblauch darin dünsten. Die Tomatenwürfel und das Tomatenmark beifügen, gut dünsten. Mit dem Weißwein angießen. Den Käse beifügen und unter Rühren schmelzen. Die Maisstärke mit dem Grappa verrühren, zum Fondue geben und unter stetem Rühren sämig kochen. Mit Paprika, Pfeffer, Cayennepfeffer und Zucker abschmecken.

Am Tisch

Den Caquelon auf das Rechaud stellen. Die Brotwürfel in das Fondue tauchen.

Tipp

Für ein Kümmelfondue die Tomaten und das Tomatenmark weglassen, dafür 200 g in Streifen geschnittenen Speck im Caquelon braten. Zuletzt einen Esslöffel Kümmel zum Fondue geben. Den Grappa nach Belieben durch Kümmelschnaps ersetzen.

Curry-Gemüse-Fondue

- 500 g Blumenkohl
- 1 gelber Gemüsepaprika/Peperoni
- 1 grüner Gemüsepaprika/Peperoni
- 2 Pfefferschoten/Peperoncini
- 1 frische Ananas

- 1 Zwiebel
- 1 EL Öl
- 2 Knoblauchzehen
- 500 g milder Greyerzer Käse
- 200 g Tilsiter Käse
- 4 TL Maisstärke
- 100 g Frischkäse
- 350 ml/3,5 dl trockener Weißwein
- 1 TL Currypulver

Vorbereiten

1.

Den Blumenkohl in Röschen teilen und im Dampf knackig garen.

2.

Die Gemüsepaprika halbieren, den Stielansatz und die Kerne entfernen, in Quadrate schneiden. Die Pfefferschoten nach Belieben der Länge nach aufschneiden und entkernen oder mit den Kernen in Stücke schneiden.

3.

Die Ananas oben und unten kappen, am Fruchtfleisch entlang schälen. Die Noppen spiral- und keilförmig ringsum herausschneiden. Die Frucht längs halbieren und den holzigen Mittelstrunk entfernen, das Fruchtfleisch in Stücke schneiden.

4.

Die Zwiebel fein hacken, in einer Pfanne im Öl dünsten. Den Knoblauch dazupressen und kurz mitdünsten.

5.

Greyerzer Käse mit der Röstiraffel raspeln, Tilsiter Käse klein würfeln, mit der Maisstärke im Caquelon mischen. Den Frischkäse und den Weißwein beifügen. Unter Rühren auf dem Kochherd köcheln lassen, bis der Käse geschmolzen und das Fondue von sämiger Konsistenz ist. Die Zwiebeln und den Knoblauch beifügen. Mit Curry würzen.

Am Tisch

Den Caquelon auf ein Rechaud stellen. Die Gemüse- und Ananasstücke in das Fondue tauchen.

Abbildung

Tessiner Fondue

- 400 g milder Greyerzer Käse
- 200 g Sbrinz
- 100 g Gorgonzola
- 1 kleine Dose Sardellen
- 20 entsteinte schwarze Oliven
- 120 g Mozzarelline (kleine Mozzarellakugeln)
- 4 TL Maisstärke
- 50 ml/0,5 dl Grappa
- 350 ml/3,5 dl trockener Weißwein
- schwarzer Pfeffer aus der Mühle
- 2 EL gehackte frische Kräuter, z. B. Basilikum, Oregano
- 2 EL Kapern
- 1 kleines Glas in Öl eingelegte getrocknete Tomaten

- 500 g Tessinerbrot

Vorbereiten

1.

Das Brot in mundgerechte Würfel schneiden.

2.

Greyerzer Käse mit der Röstiraffel raspeln, Sbrinz mit der Bircher-Rohkostreibe reiben, Gorgonzola zerbröckeln. Die Sardellen sehr fein, die Oliven grob hacken.

3.

Käse, Sardellen, Mozzarelline und Maisstärke im Caquelon mischen. Den Grappa und den Weißwein dazugießen. Auf dem Kochherd unter Rühren aufkochen, zu einem sämigen Fondue köcheln. Mit dem Pfeffer und den Kräutern würzen. Oliven, Kapern und einige getrocknete Tomaten beifügen.

Am Tisch

Den Caquelon auf ein Rechaud stellen. Die Brotwürfel in das Fondue tauchen. Die restlichen Tomaten separat dazu servieren.

Abbildung

Winzerfondue

- ca. 400 g gemischtes Gemüse, z. B. Lauch, Möhren/Karotten, Knollen- oder Stangen-/Staudensellerie, Fenchel
- 1 l trockener Weißwein
- 1 Knoblauchzehe
- 1 Zwiebel, besteckt mit Lorbeerblatt und Nelke
- 1 TL Fenchelsamen
- 1 TL Meersalz
- weißer Pfeffer aus der Mühle
- geriebene Muskatnuss

- 600 – 800 g Fleisch, z. B. Kalbs- oder Schweinefilet, in feinen Scheiben (beim Metzger bestellen)

Vorbereiten

1.
Das Gemüse putzen und in grobe Stücke schneiden.

2.
Gemüse, Weißwein, Knoblauch, Zwiebel und Gewürze in einen Kochtopf geben, auf dem Kochherd aufkochen und etwa 15 Minuten zugedeckt knackig kochen.

3.
Die Brühe durch ein Sieb in das Rechaud-Pfännchen gießen.

Am Tisch

Das Pfännchen auf ein Rechaud stellen und die Brühe leise köcheln lassen.
Das Fleisch auf die Gabel stecken und in der Gemüsebrühe garen. Das Gemüse mit Balsamessig beträufeln und als Salat servieren.

Das Winzerfondue wird mit 3 bis 4 Saucen serviert. Beilagen und Saucen, siehe Fondue Chinoise, Seite 50.

Fondue bourguignonne

- 1/2 –1 l Öl, hoch erhitzbar

- 600 – 800 g Rinderhuft, gut gelagert

Vorbereiten

1.
Das Fleisch in etwa 2 cm große Würfel schneiden. Mit Haushaltpapier trocken tupfen.

2.
Das Öl im Rechaud-Pfännchen auf dem Herd erhitzen.

Am Tisch

Das Pfännchen auf ein Rechaud stellen. Das Fleisch auf die Gabel stecken und im heißen Öl braten.

Saucen

Das Fondue bourguignonne wird mit 3 bis 4 Saucen serviert. Aus dem Kapitel «Saucen» passen folgende Rezepte:
- Früchte-Curry-Sauce
- Eiersauce mit Schnittlauch
- Cottage-Sauce mit Gemüse und Nüssen
- Scharfe süßsaure Sauce
- Basilikum-Tomaten-Sauce
- Meerrettichsauce
- Knoblauchsauce
- Roquefortsauce
- Pfefferschaum

Beilagen

- Trockenreis
- Salate
- Mixed Pickles, Seite 74
- Früchte, z. B. Bananen, Ananas

Abbildung

Fondue chinoise

- ca. 200 g Gemüse, z. B. Zwiebeln, Möhren/Karotten, Lauch, Knollensellerie
- 1 l kräftige Fleischbrühe

- 600 – 800 g Fleisch, z. B. Rinderhuft, Kalbs- oder Schweinefilet, in feinen Scheiben (beim Metzger bestellen)

Vorbereiten

1.
Das Gemüse putzen und in feine Streifen schneiden.

2.
Die Fleischbrühe mit dem Gemüse im Rechaud-Pfännchen auf dem Kochherd aufkochen.

Am Tisch

Das Pfännchen auf ein Rechaud stellen. Das Fleisch auf die Gabeln stecken und in der Brühe garen.

Saucen

Das Fondue chinoise wird mit 3 bis 4 Saucen serviert. Alle im Kapitel «Saucen», Seiten 65, enthaltenen Rezepte passen dazu.

Beilagen

- Brot, Trockenreis oder Chips
- Salate
- Mixed Pickles, Seite 74
- Früchte, z. B. Bananenscheiben, Ananasstückchen

Ferner eignen sich
- Fischstückchen, Garnelen/Krevetten
- Scheiben von Hähnchen-/Poulet- oder Puten-/Truthahnbrust
- Wurstscheiben
- zerkleinertes Gemüse, z. B. Zucchini, Blumenkohl, Gemüsepaprika/Peperoni
- Pilze, z.B. Champignons

Nach Belieben chinesische Glasnudeln in der Brühe mitkochen und zum Fondue servieren.

Am Schluss

eine Handvoll feinste Nudeln (Ficelles/Fideli) in die Brühe geben und auf dem Kochherd al dente kochen. Die Suppe mit 2 Esslöffeln fein gehackter Petersilie und 1 bis 2 Esslöffeln Weißwein, Cognac oder Sherry abschmecken. In Tassen servieren.

Tischgrilladen

Das Grillen hat auf Groß und Klein schon immer eine besondere Anziehungskraft ausgeübt. Es war deshalb naheliegend, dass man Alternativen zum beliebten, jedoch wetterabhängigen offenen Feuer suchte ... und im Garten- und Tischgrill auch tatsächlich fand. Das «Grillfieber» hat viele Gründe; und doch dürfte die gute Mischung aus kulinarischem Genuss, Geselligkeit, Abenteuer und Ungezwungenheit im Vordergrund stehen.
Mit einem Tischgrill, der ebenso gut für Raclettes und vieles mehr verwendet werden kann, ist man weder vom Wetter noch von der Jahreszeit abhängig. Er ist zudem prädestiniert für gepflegte Gastlichkeit. Gemüse, Fisch oder Fleisch werden in der Küche portioniert und häufig auch mariniert. Am Tisch können die kleinen Häppchen nach Lust und Laune auf Spießchen gesteckt oder einzeln gebraten werden. Und welche Sauce darf es sein? Hier hat man die Qual der Wahl, aus den vielen feinen hausgemachten Saucen die Favoriten zu bestimmen.

Hähnchenbrüstchen mit Lauchpesto

Lauchpesto
- 60 g Lauch
- 2 EL Sonnenblumenkerne
- 2 EL Kürbiskerne
- 2 Knoblauchzehen
- 50 ml/0,5 dl Olivenöl extra nativ
- Meersalz
- reichlich Pfeffer aus der Mühle

- 4 kleine Hähnchen-/Pouletbrüstchen

Vorbereiten

1.

Den Lauch zerkleinern, zusammen mit den Kernen und dem Knoblauch im Cutter sehr fein hacken. Das Gehackte mit dem Olivenöl verrühren und mit Salz und Pfeffer würzen.

2.

Die Hähnchenbrüstchen in Scheiben schneiden.

Am Tisch

Die Fleischscheiben auf dem Grill braten Den Lauchpesto auf den Tellern über das Fleisch verteilen.

Frankfurter im Speck

- 4 Frankfurter Würstchen oder andere kleine Würstchen
- 1 EL Senf
- 50 g Emmentaler Käse
- 4 Scheiben Rohschinken

Vorbereiten

1.

Die Würstchen der Länge nach aufschneiden und mit Senf bestreichen. Den Käse in dünne Stäbchen schneiden und in die Würstchen legen. Jedes Würstchen mit einer Scheibe Rohschinken umwickeln. Mit Zahnstochern befestigen.

Am Tisch

Die Würstchen auf dem Grill braten.

Falsche Kalbfleischwürste

- 100 g Champignons
- 2 Schalotten
- reichlich frische Kräuter, z. B. Thymian, Estragon, Majoran
- wenig Butterschmalz/Bratbutter
- 100 g geriebener Greyerzer Käse
- 1 Freilandei
- Meersalz
- Pfeffer aus der Mühle
- 1 Prise Currypulver
- 1 Prise Paprikapulver
- 8 kleine Kalbsschnitzel

Vorbereiten

1.
Die Champignons putzen. Schalotten, Kräuter und Champignons fein hacken, im Butterschmalz kurz dünsten. Auskühlen lassen, dann mit dem Käse, dem Ei und den Gewürzen gut vermengen.

2.
Die Schnitzel zwischen zwei Klarsichtfolien legen und mit einem Brett flach klopfen.

3.
Die Füllung auf den Schnitzeln verteilen. Die Schnitzel satt einrollen und an beiden Enden mit Küchenschnur zusammenbinden. Mit Salz und Pfeffer würzen.

Am Tisch

Die «Würste» auf dem Grill braten.

Abbildung Seite 55, unten

Päckchen aus Fleischkäse

- 1 Gewürzgurke
- 1 kleine Schalotte
- 50 g geriebener Greyerzer Käse
- 2 EL Quark
- Pfeffer aus der Mühle
- geriebene Muskatnuss
- 4 dünne Fleischkäsescheiben
- 4 Speckscheiben

Vorbereiten

1.
Die Gurke und die Schalotte fein hacken. Mit dem Käse und dem Quark zu einer Paste vermengen. Mit Pfeffer und Muskatnuss würzen.

2.
Die Käsepaste auf den Fleischkäsescheiben ausstreichen, die Scheiben einrollen. Die beiden schmalen Enden einschlagen. Je eine Speckscheibe der Länge nach um die Päckchen wickeln.

Am Tisch

Die Fleischkäsepäckchen auf dem Grill braten.

Abbildung Seite 55, Mitte

Kleine Lammfleischkugeln mit Minzsauce

Lammfleischkugeln
- 1 Zwiebel
- 2 Knoblauchzehen
- 1 TL Majoranblättchen
- 1 TL Rosmarinnadeln
- 1 Stück frischer Meerrettich
- 1 Eigelb
- 2 EL Vollkornmehl
- 300 g gehacktes Lammfleisch
- Meersalz
- Pfeffer aus der Mühle
- einige Tropfen Tabascosauce
- 2 EL Olivenöl extra nativ

Minzsauce
- 2 Zweiglein Pfefferminze
- 100 g Naturjogurt
- 1 TL Zitronensaft
- 1 TL Senf
- Meersalz
- Pfeffer aus der Mühle

Vorbereiten

1.

Zwiebel, Knoblauch und Kräuter sehr fein hacken. Den Meerrettich schälen und fein reiben.

2.

Zwiebeln, Knoblauch, Kräuter, Meerrettich, Eigelb und Mehl zum Fleisch geben. Mit Salz, Pfeffer und Tabascosauce würzen. Alles zu einer kompakten Masse vermengen. Mit bemehlten Händen kleine Kugeln formen. Die Fleischkugeln mit Öl bepinseln.

3.

Für die Sauce die Pfefferminzblättchen fein hacken. Jogurt, Zitronensaft, Senf und Pfefferminze gut verrühren. Mit Salz und Pfeffer abschmecken.

Am Tisch

Die Lammfleischkugeln auf dem Grill rundum braun braten. Die Sauce separat servieren.

Abbildung

Abbildung
rechts: Kleine Lammfleischkugeln
oben links: Minzsauce
oben rechts: Basilikum-Tomaten-Sauce, Rezept Seite 69
Mitte: Päckchen aus Fleischkäse, Rezept Seite 53
unten: Falsche Kalbfleischwürste, Rezept Seite 53

Gegrillte Ananasscheiben

für 8 – 10 Scheiben

- 1 frische Ananas
- 100 ml/1 dl Maraschino oder Rum
- 30 g Vollrohrzucker
- 30 g Butter

Vorbereiten

1.

Die Ananas oben und unten kappen. Am Fruchtfleisch entlang schälen. Die Noppen spiral- und keilförmig ringsum herausschneiden. Die Frucht in Scheiben schneiden. Den holzigen Mittelstrunk entfernen. Die Scheiben möglichst nebeneinander in eine Gratinform legen. Den Maraschino oder den Rum darüber träufeln, die Fruchtscheiben zugedeckt einige Stunden marinieren.

2.

Die Ananasscheiben abtropfen lassen und mit dem Zucker bestreuen. Die Butter schmelzen und über die Früchte träufeln.

Am Tisch

Die Ananasscheiben auf dem Grill beidseitig braten.

Mariniertes Schweinefilet

Marinade
- 1 Knoblauchzehe
- einige grüne Pfefferkörner
- 1 TL Rosmarinnadeln
- 2 EL trockener Weißwein
- wenig abgeriebene Zitronenschale
- 1 TL Senf
- 1 TL Sojasauce
- 2 EL Öl

- 300 g Schweinefilet

Vorbereiten

1.

Für die Marinade den Knoblauch durchpressen. Die Pfefferkörner gut zerdrücken, die Rosmarinnadeln fein hacken. Sämtliche Zutaten gut verrühren.

2.

Das Schweinefilet in etwa 2 cm dicke Medaillons schneiden. Die Fleischstücke großzügig mit der Marinade bestreichen. Einige Stunden an einem kühlen Ort marinieren. Mit Küchenpapier trocken tupfen.

Am Tisch

Die Fleischstücke auf dem Grill rundum braten.

Mariniertes Lammfilet

Marinade
- 1 Knoblauchzehe
- 1 TL Rosmarinnadeln
- 1 TL Senf
- 1 EL Cognac
- 1 Msp Paprikapulver
- schwarzer Pfeffer aus der Mühle
- einige Tropfen Tabascosauce
- 2 EL Öl

- 300 g Lammfilet

Vorbereiten

1.

Für die Marinade den Knoblauch durchpressen, die Rosmarinnadeln fein hacken. Sämtliche Zutaten gut verrühren.

2.

Das Lammfilet zweimal durchschneiden, mit der Marinade bestreichen. Einige Stunden an einem kühlen Ort marinieren. Mit Küchenpapier trocken tupfen.

Am Tisch

Die Filetstücke auf dem Grill rundum braten.

Marinierte Fisch-Gemüse-Spießchen

für 4 Spießchen

Marinade
- 1 Zweig Dill
- 2 EL Zitronensaft
- 1 TL Senf
- 3 EL Olivenöl extra nativ
- einige Tropfen Sojasauce

Spießchen
- 4 Solefilets
- 1 Zucchino
- Meersalz
- Pfeffer aus der Mühle
- 1 Zitrone

Vorbereiten

1.

Für die Marinade den Dill fein hacken. Sämtliche Zutaten gut verrühren. Die Fischfilets damit bestreichen.

2.

Den Zucchino in dicke Scheiben schneiden, mit Salz und Pfeffer würzen. Die Zitrone in Spalten schneiden. Die Fischfilets in drei Stücke schneiden und einrollen.

3.

Die Fischröllchen und die Zucchinischeiben abwechslungsweise auf die Spießchen stecken, mit einer Zitronenspalte abschließen.

Am Tisch

Die Fisch-Gemüse-Spießchen auf dem Grill beidseitig braten.

Abbildung Seite 58, rechts

Scharfe Gemüsespießchen mit Tatarsauce

für 4 Spießchen

- 1 Zucchino
- 1 Zwiebel
- 1 Gemüsepaprika/Peperoni
- 50 g Champignons
- 4 Pfefferschoten/Peperoncini

Tatarsauce
- 1 Eigelb
- 1 TL Senf
- 150 ml/1,5 dl Sonnenblumenöl, nicht kaltgepresst
- 1 EL Zitronensaft
- Meersalz
- Pfeffer aus der Mühle
- 1 hart gekochtes Freilandei
- 3 Cornichons
- 1 EL Kapern
- 2 Schalotten
- 1 Bund Petersilie

Abbildung

Abbildung
links: Scharfe Gemüsespießchen mit Tatarsauce
Mitte: Gulaschspießchen mit Paprikasauce, Rezept Seite 60
rechts: Marinierte Fisch-Gemüse-Spießchen, Rezept Seite 57

Vorbereiten

1.
Den Zucchino in dicke Scheiben schneiden. Die Zwiebel vierteln. Den Gemüsepaprika halbieren, den Stielansatz und die Kerne entfernen, in große Stücke schneiden. Die Champignons putzen

2.
Gemüse, Pilze und Pfefferschoten abwechslungsweise auf die Spießchen stecken.

3.
Für die Sauce Eigelb und Senf in einer Schüssel mit dem Schneebesen gut verrühren. Unter stetem Rühren das Öl anfänglich tropfenweise zugeben. Sobald die Mayonnaise dick wird, kann das restliche Öl nun löffelweise – immer unter stetem Rühren – beigefügt werden. Mit Zitronensaft, Salz und Pfeffer abschmecken.

4.
Das Ei schälen. Ei, Cornichons, Kapern, Schalotten und Petersilie fein hacken. Alles mit der Mayonnaise mischen. Nach Belieben nochmals abschmecken.

Am Tisch

Die Gemüsespießchen auf dem Grill beidseitig braten. Die Tatarsauce separat servieren.

Produkteinfo

Für eine Mayonnaise kein kaltgepresstes Öl verwenden, da die Sauce leicht bitter wird.

Variante

Für eine kalorienarme Sauce wird das Öl durch Quark ersetzt.

Gulaschspießchen mit Paprikasauce

für 4 Spießchen

- 300 g Rinderfleisch, z.B. Huft
- Meersalz
- Pfeffer aus der Mühle
- 1 roter Gemüsepaprika/Peperoni
- 12 Cornichons

Sauce
- 1 Zwiebel
- 1 EL Butterschmalz/Bratbutter
- 75 g Frischkäse
- 2 EL süße Sahne/Halbrahm
- 1 TL Tomatenmark
- 1 TL Paprikapulver
- $^1/_2$ TL Kümmel
- Meersalz
- Pfeffer aus der Mühle
- 1 EL Wodka

Vorbereiten

1.
Das Fleisch in Würfel schneiden, mit Salz und Pfeffer würzen.

2.
Den Gemüsepaprika halbieren, den Stielansatz und die Kerne entfernen, in Vierecke schneiden.

3.
Fleisch, Gemüsepaprika und Cornichons abwechslungsweise auf die Spießchen stecken.

4.
Für die Sauce die Zwiebel fein hacken, im Butterschmalz dünsten, auskühlen lassen. Frischkäse, süße Sahne, Tomatenmark und Zwiebeln verrühren, bis eine Creme entstanden ist. Mit Paprika, Kümmel, Salz und Pfeffer würzen und mit dem Wodka verfeinern.

Am Tisch

Die Gulaschspießchen auf dem Grill rundum braun braten. Die Paprikasauce separat servieren.

Tipp

Auf die Spießchen zusätzlich eingerollte Speckscheiben stecken.

Abbildung, Seite 58

Marinierte Entenbrüstchen mit Kumquatsauce

Marinade
- 1 Stück frische Ingwerwurzel
- 2 EL Orangensaft
- wenig abgeriebene Orangenschale
- 1 TL Senf
- reichlich frisch gemahlener Pfeffer
- 1 TL flüssiger Honig
- 2 EL Öl

- 2 Entenbrüstchen

Sauce
- 8 Kumquats
- 1 EL Butter
- 1 EL Zucker
- 2 EL Balsamessig
- 1 TL Maisstärke
- 200 ml/2 dl Orangensaft

Vorbereiten

1.

Für die Marinade die Ingwerwurzel schälen und fein reiben. Sämtliche Zutaten gut verrühren

2.

Die Entenbrüstchen in Stücke schneiden und mit der Marinade bestreichen. An einem kühlen Ort etwa 2 Stunden marinieren. Mit Küchenpapier trocken tupfen.

3.

Die Kumquats in dünne Scheiben schneiden und entkernen. Die Butter in einer Pfanne zerlassen, den Zucker beigeben und hellbraun karamellisieren. Den Essig beifügen. Die Kumquatscheiben zum Karamell geben und darin wenden. Die Maisstärke mit 2 Esslöffeln Orangensaft verrühren. Den Orangensaft und die angerührte Maisstärke zu den Kumquats geben, unter Rühren köcheln lassen, bis sich der Karamell aufgelöst hat und die Sauce dicklich ist.

Am Tisch

Die Fleischstücke auf dem Grill rundum braun braten. Die Kumquatsauce separat dazu servieren.

Teriyaki

für 4 Spießchen

Marinade
- 1 Stück frische Ingwerwurzel
- ½ Zwiebel
- 2 EL Reiswein
- 2 EL Vollrohrzucker
- 3 EL Sojasauce
- 1 EL Sherry oder Reiswein (Mirin)
- 1 EL Öl

- 300 g Schweinefleisch, in dünnen Scheiben
- 1 Lauch
- 4 Frühlingszwiebeln mit wenig Grün

Vorbereiten

1.
Für die Marinade die Ingwerwurzel schälen und fein reiben. Die Zwiebel fein hacken. Alle Zutaten gut verrühren.

2.
Die Fleischscheiben großzügig mit der Marinade bestreichen. Einige Stunden an einem kühlen Ort marinieren. Mit Küchenpapier trocken tupfen.

3.
Den Lauch in etwa 2 cm lange Stücke schneiden. Im kochenden Wasser 3 Minuten blanchieren.

4.
Das Fleisch gleich einer Handharmonika aufspießen (siehe Foto), Zwiebel und Lauch dazwischen stecken.

Tisch

Die Spießchen auf dem Grill beidseitig braun braten.

Abbildung links

Exotische Fruchtspießchen

für 6 Spießchen

- 1 Baby-Ananas oder 1 kleine Dose Ananasscheiben
- 1 Karambole
- 1 Dose Litschis
- 1 Glas Maraschino-Kirschen
- 1 Stück frische Ingwerwurzel
- 2 EL flüssiger Honig
- 1 EL Vollrohrzucker
- Pfeffer aus der Mühle

Vorbereiten

1.
Die Ananas oben und unten kappen. Am Fruchtfleisch entlang schälen. Die Noppen spiral- und keilförmig ringsum herausschneiden. Die Frucht längs halbieren und den holzigen Mittelstrunk entfernen. Das Fruchtfleisch in Stücke schneiden. Die Karambole in «Sterne» schneiden. Die Litschis halbieren.

2.
Die Früchte abwechslungsweise auf Spießchen stecken.

3.
Die Ingwerwurzel schälen und fein reiben. Geriebenen Ingwer, Honig, Zucker und Pfeffer gut verrühren. Die Früchte damit bestreichen.

Am Tisch

Die Fruchtspießchen auf dem Grill beidseitig braten.

Abbildung rechts

Chinesische Spießchen mit Erdnusssauce

für 6 Spießchen
- 100 g frische Shiitake-Pilze
- 1 Mango
- 1 Gemüsepaprika/Peperoni
- 1 Lauch
- 6 kleine Frühlingszwiebeln
- 1 Glas eingelegte oder ca. 12 frische Maiskölbchen

Saucen
- 1 Stück frische Ingwerwurzel
- 50 g gesalzene Erdnüsse
- 125 g Frischkäse
- 3 EL Sojasauce
- 1 TL Sesamöl
- 2 EL Essig
- Meersalz
- Pfeffer aus der Mühle

Vorbereiten

1.
Die Stiele der Shiitake herausdrehen.

2.
Die Mango schälen, das Fruchtfleisch vom Stein schneiden, in große Würfel schneiden. Den Gemüsepaprika halbieren, den Stielansatz und die Kerne entfernen, in Vierecke schneiden. Lauch in dicke Scheiben schneiden, das Grün der Zwiebeln wegschneiden.

3.
Alles Gemüse mit den Pilzen abwechslungsweise auf die Spießchen stecken.

4.
Die Ingwerwurzel schälen und fein reiben. Die Erdnüsse hacken. Alle Zutaten für die Sauce gut verrühren.

Am Tisch

Die Spießchen auf dem Grill beidseitig braten. die Erdnusssauce separat servieren.

Saucen

Die Sauce war schon immer die Visitenkarte der Küche. In einer Zeit, da es schon fast selbstverständlich zu sein scheint, bei jeder Gelegenheit zum Töpfchen aus dem Regal im Supermarkt zu greifen, wird es den Geladenen bestimmt nicht entgehen, dass die Saucen aus der eigenen Küche kommen und mit viel Liebe zubereitet wurden.

Die gegrillten Häppchen, aber auch die im Wein, in der Brühe oder im Öl gegarten und gebratenen Stückchen aus Fleisch, Fisch und Gemüse leben von der Sauce ... Am besten trifft man die Auswahl so, dass die Geschmackspalette möglichst breit ist. Die Gäste können dann nach Lust und Laune kombinieren. Zu Fisch passt zum Beispiel eine Dillsauce ausgezeichnet, aber weshalb ihn nicht einmal mit einer süßsauren Sauce kombinieren? Erlaubt ist, was gefällt und was schmeckt.

Kräuter-Gemüse-Vinaigrette

- 1 Möhre/Karotte
- 1 Stück Stangen-/Staudensellerie
- 1 Bund glattblättrige Petersilie
- 1 Zweig Basilikum
- einige Majoranblättchen
- einige Salbeiblätter
- 1 Zweig Zitronenmelisse
- 150 ml/1,5 dl Olivenöl extra nativ
- 3 EL Balsamessig
- Meersalz
- Pfeffer aus der Mühle

1.
Die Möhre und den Stangensellerie in Stücke schneiden. Das Gemüse mit den Kräutern im Cutter fein hacken. Mit dem Öl und dem Essig vermengen. Die Vinaigrette mit Salz und Pfeffer abschmecken.

Abbildung oben

Roquefortsauce

- 50 g Roquefort
- 100 g Cottage Cheese/Hüttenkäse
- 1 – 2 EL süße Sahne/Rahm
- 40 g Walnüsse/Baumnüsse

1.
Den Roquefort zerbröckeln, mit dem Cottage Cheese und der Sahne gut verrühren.

2.
Die Nüsse grob hacken, unter die Sauce rühren.

Cottage-Cheese-Gemüsedip

- 12 Haselnüsse
- 80 g Kohlrabi
- 1 Bund Radieschen
- 200 g Cottage Cheese/Hüttenkäse
- 1 EL Quark oder Crème fraîche
- Meersalz, Pfeffer aus der Mühle

1.
Die Haselnüsse in einer Pfanne ohne Fettzugabe rösten, auskühlen lassen, dann grob hacken.

2.
Den Kohlrabi und die Radieschen sehr klein würfeln.

3.
Alle Zutaten gut vermengen. Die Sauce mit Salz und Pfeffer würzen.

Abbildung Mitte

Salsa verde

- 1 Zwiebel oder Frühlingszwiebel
- 2 Knoblauchzehen
- 50 g Kapern
- 6 Sardellenfilets
- 80 g Petersilie
- 150 ml/1,5 dl Olivenöl extra nativ
- 1 TL Meersalz
- Pfeffer aus der Mühle

1.
Zwiebel, Knoblauch, Kapern, Sardellenfilets und Petersilie fein hacken.

2.
Das Feingehackte mit dem Olivenöl mischen. Mit Salz und Pfeffer würzen.

Abbildung unten

Kräuter-Tapenade

- 1 große Dose Sardellenfilets, ca. 12 Stück
- 350 g entsteinte schwarze Oliven
- 100 g Kapern
- 1 EL Senf
- 150 ml/1,5 dl Olivenöl extra nativ
- 2 EL Balsamessig
- schwarzer Pfeffer aus der Mühle
- 2 Knoblauchzehen
- 6 Zweige Oregano
- 4 Zweige Thymian
- 2 Zweige Basilikum

1.
Die Sardellenfilets in ein Sieb geben und unter fließendem kaltem Wasser abspülen. Mit Küchenpapier trocken tupfen.

2.
Sämtliche Zutaten in den Cutter geben und fein hacken.

Tipp
Die Tapenade in ein Glas füllen und mit Olivenöl bedecken. Im Kühlschrank aufbewahren. Haltbarkeit: 1 Monat.

Currysauce mit Früchten

- 1/2 Mango
- 1 Kiwi
- 1 Banane
- 150 g Quark
- 1 TL Senf
- 1 EL Currypulver
- Meersalz
- Pfeffer aus der Mühle

1.
Die Mango schälen, das Fruchtfleisch vom Stein schneiden und klein würfeln. Die Kiwi schälen und klein würfeln.

2.
Die Banane schälen und mit einer Gabel zerdrücken. Mit dem Quark, dem Senf und dem Curry glatt rühren.

3.
Die Mango- und Kiwiwürfelchen mit der Sauce mischen. Mit Salz und Pfeffer abschmecken.

Pfefferschaum

- 1/2 TL rosa Pfefferkörner
- 150 g/1,5 dl süße Sahne/Rahm (nicht uperisiert), sehr kalt
- 2 – 3 EL Cognac
- 1 TL Birnendicksaft
- 1/2 Limone, abgeriebene Schale
- Meersalz

1.
Die Pfefferkörner fein hacken.

2.
Alle Zutaten in ein Gefäß geben und mit dem Handrührgerät zu einer festen Sauce schlagen. Mit Salz würzen.

Knoblauchsauce

Mayonnaise
- 1 Eigelb
- 1 TL Senf
- 150 ml/1,5 dl Sonnenblumenöl
- 1 EL Zitronensaft
- Meersalz
- Pfeffer aus der Mühle

- oder 6 EL gekaufte Mayonnaise

- 3 – 4 Knoblauchzehen
- 2 EL Crème fraîche oder Naturjogurt
- 1/2 Zitrone, abgeriebene Schale

1.
Für die Mayonnaise Eigelb und Senf in einer Schüssel mit dem Schneebesen gut verrühren. Unter stetem Rühren das Öl anfänglich tropfenweise zugeben. Wenn die Mayonnaise dick wird, kann das restliche Öl löffelweise – immer unter stetem Rühren – beigefügt werden. Mit Zitronensaft, Salz und Pfeffer abschmecken.

2.
Den Knoblauch zur Mayonnaise pressen. Die Crème fraîche und die abgeriebene Zitronenschale untermischen.

Produkteinfo

Eine Mayonnaise mit kaltgepresstem Öl wird bitter!

Basilikum-Tomatensauce

- 150 g Quark
- 2 EL Tomatenmark
- 1 Knoblauchzehe
- 1 Bund Basilikum
- Meersalz
- Pfeffer aus der Mühle

1.
Den Quark mit dem Tomatenmark verrühren. Den Knoblauch dazupressen.

2.
Die Basilikumblätter fein hacken und unter die Sauce rühren. Mit Salz und Pfeffer würzen.

Abbildung Seite 55

Meerrettichsauce

- 1 Stück frischer Meerrettich
- 100 g/1 dl süße Sahne/Rahm
- 1 EL Senf
- 1 EL Mayonnaise
- Paprikapulver
- Pfeffer aus der Mühle

1.
Den Meerrettich schälen und fein reiben. Die süße Sahne flaumig schlagen.

2.
Senf, Mayonnaise und Meerrettich mit der süßen Sahne sorgfältig vermengen. Die Sauce mit Paprika und Pfeffer abschmecken.

Scharfe süßsaure Sauce

- ½ roter Gemüsepaprika/Peperoni
- 1 Knoblauchzehe
- 2 große rote Pfefferschoten/ Peperoncini
- 250 ml/2,5 dl Wasser
- 5 EL Reis- oder Weinessig
- 100 g Vollrohrzucker

1.
Den Stielansatz und die Kerne beim Gemüsepaprika entfernen, möglichst fein hacken.

2.
Den Knoblauch und die Pfefferschoten mit den Kernen möglichst fein hacken.

3.
Das Wasser mit dem Essig und dem Zucker in einem Topf aufkochen. Alle Zutaten beifügen. Die Sauce offen auf mittlerem Feuer etwa 30 Minuten köcheln lassen, bis sie sirupartig dick eingekocht ist.

Abbildung Mitte

Dillsauce

- 2 Bund Dill
- 1 TL weiße Pfefferkörner
- 3 EL milder Senf
- 3 EL scharfer Senf
- 3 EL Vollrohrzucker
- 3 EL Balsamessig
- 50 ml/0,5 dl Sonnenblumenöl

1.
Den Dill fein hacken. Die Pfefferkörner im Mörser grob zerstoßen.

2.
Alle Zutaten gut verrühren.

Abbildung oben

Eier-Schnittlauch-Sauce

- 2 hart gekochte Freilandeier
- 1 Bund Schnittlauch
- 1 Becher (150 – 180 g) Crème fraîche
- 1 TL Senf
- Meersalz
- Pfeffer aus der Mühle

1.
Die Eier schälen und klein würfeln. Den Schnittlauch fein schneiden.

2.
Eier, Schnittlauch, Crème fraîche und Senf verrühren. Die Sauce mit Salz und Pfeffer würzen.

Abbildung unten

Eingemachtes

Sauer und süßsauer Eingemachtes erfüllt gleich zwei Funktionen: einesteils regt es den Appetit an, andernteils hilft es verdauen. Grund sind die ballaststoffreichen, gesunden Basiszutaten wie Früchte und Gemüse in Kombination mit natürlicher Säure (Essig) und Gewürzen. Manche Rezepte entstammen unserer mitteleuropäischen Küche, andere sind der orientalischen und asiatischen Küche entlehnt. Für Geschmacksvielfalt ist bestimmt gesorgt.

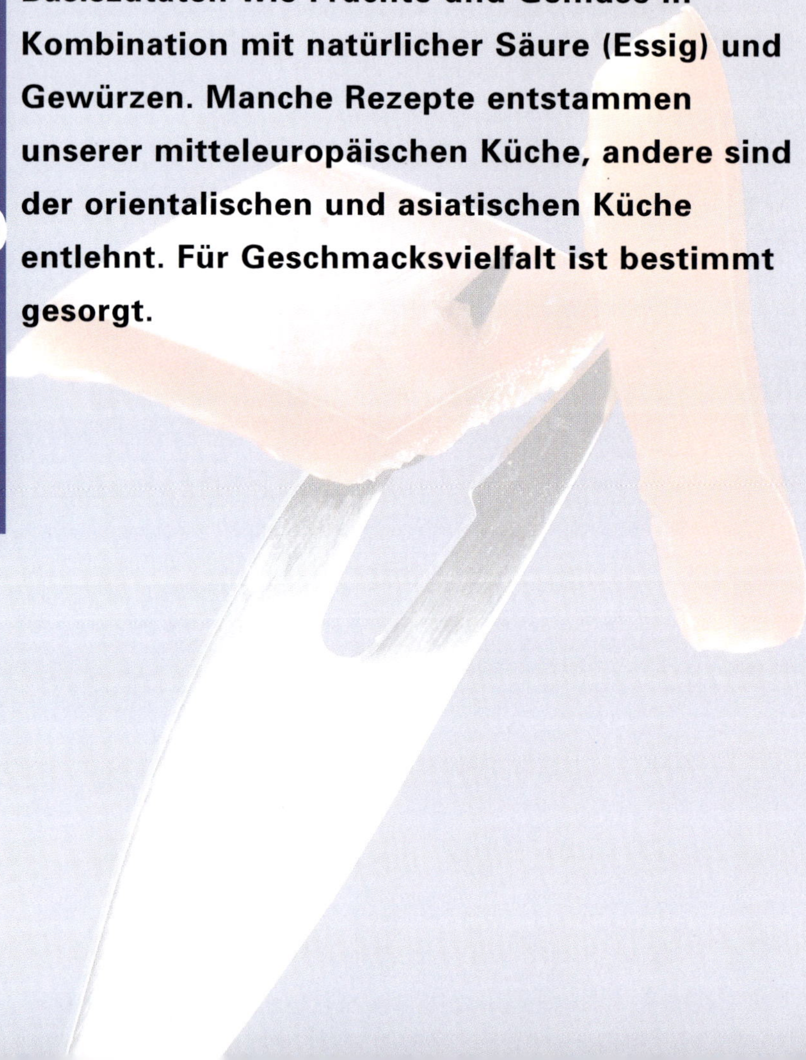

Eingelegter Knoblauch

- 200 ml/2 dl trockener Weißwein
- 200 ml/2 dl Weißweinessig
- 10 g Senfkörner
- 3 – 4 Rosmarinzweiglein
- 1 Lorbeerblatt
- 1 TL Vollrohrzucker
- 1 TL Meersalz
- 300 g große Knoblauchzehen, geschält
- ca. 50 ml/0,5 dl Olivenöl extra nativ

1.
Weißwein, Essig, Senfkörner, Rosmarinzweiglein, Lorbeerblatt, Zucker und Salz zusammen aufkochen. Die ganzen Knoblauchzehen beifügen und auf kleinem Feuer 10 Minuten köcheln lassen. Dann im Sud auskühlen lassen.

2.
Die Knoblauchzehen mit dem Sud und einem Teil der Gewürze in kleine Gläser füllen. Mit etwas Olivenöl bedecken, die Gläser verschließen.

Eingemachte Senfmelonen

- 1 großes Stück frische Ingwerwurzel
- 1 TL Senfkörner
- 250 ml/2,5 dl Wasser
- 150 ml/1,5 dl Obstessig
- 100 g Vollrohrzucker
- 2 Melonen, je 800 g

1.
Die Ingwerwurzel schälen und fein reiben. Die Senfkörner im Mörser zerstoßen.

2.
Wasser, Essig, Zucker, Ingwer und Senfkörner aufkochen.

3.
Die Melonen halbieren und entkernen. Die Hälften in Schnitze schneiden. Die Schalen wegschneiden, das Fruchtfleisch in Würfel schneiden und in den Sud geben. Einmal kurz aufkochen. Den Topf vom Feuer ziehen, die Melonen im Sud 24 Stunden ziehen lassen.

4.
Den Sud durch ein Sieb in einen Kochtopf gießen und bei starker Hitze bis auf 150 ml/1,5 dl einkochen lassen. Die Melonenwürfel wieder beigeben und nochmals kurz aufkochen. In Gläser füllen und sofort verschließen.

Mixed Pickles

- 2,5 kg Mischgemüse, z. B. Möhren/Karotten, Stangen-/Staudensellerie, Gemüsepaprika/Peperoni, Blumenkohl, kleine Zwiebeln oder Schalotten, Champignons usw.

- 1 l Wasser
- 2 EL Meersalz
- 3 1/2 l Weißweinessig
- 1 l trockener Weißwein
- 75 ml/0,75 dl Olivenöl extra nativ
- 1 EL Vollrohrzucker
- 1 Lorbeerblatt
- 3 Gewürznelken
- 1 TL weiße Pfefferkörner
- 1 Zweig Rosmarin
- 1 Zweig Thymian

1.
Das Gemüse putzen und in mundgerechte Stücke oder Streifen schneiden.

2.
Wasser, 1 Esslöffel Salz und 1 Liter Essig aufkochen. Das vorbereitete Gemüse im Sud 2 Minuten blanchieren, abgießen. Das Gemüse auf einem Tuch trocknen lassen.

3.
Restlichen Essig, Wein, Öl, restliches Salz, Zucker sowie alle Gewürze zusammen aufkochen. Den Sud auf kleinem Feuer 5 bis 10 Minuten kochen lassen.

4.
Das Gemüse bunt gemischt möglichst satt bis ca. 1 cm unter den Rand in Gläser einschichten. Den Sud nochmals aufkochen und das Glas damit randvoll füllen. Die Gläser sofort verschließen.

Abbildung

Süßsaure Tomaten

- 1 kg Cherrytomaten
- 300 ml/3 dl Essig
- 200 ml/2 dl Rotwein
- 500 g Vollrohrzucker

1.
Die Tomaten waschen, mit einer Nadel rundum einstechen und in einen Steinguttopf oder in ein Einmachglas füllen.

2.
Essig, Wein und Zucker aufkochen, auskühlen lassen und über die Tomaten gießen, diese müssen mit dem Sud gut bedeckt sein.

3.
Am 2. Tag den Saft vorsichtig in einen Kochtopf gießen, aufkochen und 1 Minute sprudelnd kochen. Nach dem Erkalten wieder über die Tomaten gießen.

4.
Am 3. Tag den Saft zusammen mit den Tomaten in einem weiten Kochtopf langsam erhitzen und so lange leise kochen, bis sich die Tomatenhaut leicht zu lösen beginnt. Die Tomaten mit einem Schaumlöffel vorsichtig herausnehmen und in ein Glas füllen.

5.
Den Saft sirupartig einkochen, erkalten lassen. Kalt über die Tomaten gießen, das Glas verschließen. Kühl aufbewahren.

Abbildung

Abbildung
oben: Mixed Pickles
links: Süßsaure Tomaten
unten: Piccalilli süßsauer, Rezept Seite 76

Piccalilli süßsauer

- 125 g Möhren/Karotten
- 125 g roter Gemüsepaprika/ Peperoni
- 125 g gelber Gemüsepaprika/ Peperoni
- 125 g Stangen-/Staudensellerie
- 250 g Blumenkohl
- 2 Schalotten
- 125 g grüne Bohnen
- 125 g Zucchini
- 125 g Kürbis, Gurken oder anderes Gemüse
- 200 g Meersalz
- 1/2 l Weißweinessig
- 100 ml/1 dl Olivenöl extra nativ
- 1 TL Kurkuma
- 2 EL Senfpulver
- 1 EL Ingwerpulver
- 100 g Vollrohrzucker
- 1 EL Maisstärke
- 3 EL Apfelessig

1.
Das Gemüse putzen und in mundgerechte Stücke schneiden.

2.
Das Gemüse mit dem Salz lagenweise in eine Schüssel schichten. Einen Teller darauf legen, diesen beschweren und das Gemüse 24 Stunden ziehen lassen.

3.
Das Gemüse in eine große Schüssel mit frischem Wasser geben und sehr gut waschen, anschließend unter fließendem Wasser gut abspülen. Es darf am Gemüse kein Salz zurückbleiben.

4.
Essig, Öl, Gewürze und Zucker zusammen aufkochen. Das Gemüse dazugeben und zugedeckt sanft köcheln lassen. Das Gemüse soll knackig bleiben.

5.
Das Gemüse mit einem Schaumlöffel aus dem Sud nehmen und in Gläser füllen.

6.
Die Maisstärke mit dem Essig verrühren, zum Sud geben und aufkochen. Den Sud über das Gemüse gießen. Sofort verschließen. Vor Verwendung 6 Wochen durchziehen lassen.

Abbildung Seite 75, unten

Zwiebel-Gemüsepaprika-Relish

- 1,2 kg Frühlingszwiebeln mit dem Grün
- 150 ml/1,5 dl Olivenöl extra nativ
- 4 große rote Gemüsepaprika/ Peperoni
- 350 g Stauden-/Stangensellerie
- 1 Bund glatte Petersilie
- 2 Zweige Pfefferminze
- 3 Lorbeerblätter
- 1 EL Rosenpaprikapulver
- 250 ml/2,5 dl Weißweinessig
- 150 ml/1,5 dl trockener Weißwein
- 150 g Vollrohrzucker
- 2 EL Senfkörner
- 1 EL Kardamomkörner
- 1 TL Meersalz

1.
Von den Zwiebeln das Grün abschneiden und putzen. Die Zwiebeln wenn nötig schälen, dann grob hacken. Das Grün in feine Ringe schneiden.

2.
Das Öl erhitzen, die Zwiebeln samt Grün beifügen und bei mittlerer Hitze 20 Minuten dünsten, häufig rühren.

3.
Die Gemüsepaprika halbieren, den Stielansatz und die Kerne entfernen, in Streifen schneiden. Den Staudensellerie in feine Scheiben schneiden, die Blätter grob hacken. Die Petersilie und die Pfefferminzblätter grob hacken. Die Lorbeerblätter zerbröseln.

4.
Die Zwiebeln mit Rosenpaprika würzen, 2 Minuten köcheln lassen. Essig, Weißwein, Zucker, Senfkörner, Kardamomkörner und Lorbeerblätter zugeben. Alles unter ständigem Rühren 10 Minuten kräftig kochen lassen. Gemüsepaprika, Staudensellerie und Kräuter beigeben. 30 Minuten auf mittlerem Feuer einkochen lassen. Das Relish mit Salz würzen, in Gläser füllen und sofort verschließen.

Kürbis-Mango-Chutney

- 1 kg Kürbisfleisch
- 2 Äpfel
- 2 sehr reife Mangos
- 1 Pfefferschote/Peperoncino
- 100 g Rosinen
- 400 ml/4 dl Weißweinessig
- 20 g Senfkörner
- 150 g Vollrohrzucker
- 1 TL Meersalz

1.
Das Kürbisfleisch klein würfeln. Die Äpfel schälen, vierteln und das Kerngehäuse entfernen. Die Fruchtviertel in kleine Stücke schneiden. Die Mangos schälen und das Fruchtfleisch vom Stein schneiden, klein würfeln.

2.
Die Pfefferschote der Länge nach aufschneiden, die Kerne herausschaben, die Schote waschen, dann in Streifchen schneiden.

3.
Sämtliche Zutaten in einen Kochtopf geben, aufkochen, so lange kochen lassen, bis das Chutney die Konsistenz von Konfitüre hat. Sehr heiß in Gläser füllen und sofort verschließen.

Abbildung

Senffrüchte

- 200 g gemischte Trockenfrüchte
- 100 g getrocknete Ananasstückchen
- 1 Stück frische Ingwerwurzel
- 300 ml/3 dl trockener Weißwein
- 200 ml/2 dl Weißweinessig
- 5 Gewürznelken
- 1/2 Zimtstange
- 250 g Vollrohrzucker
- 2 EL Senfpulver
- 10 g Senfkörner

1.
Große Trockenfrüchte halbieren. Die Ingwerwurzel schälen und grob hacken.

2.
Weißwein, Essig, Nelken, Zimtstange und Ingwer zusammen aufkochen und 10 Minuten auf mittlerem Feuer kochen lassen. Den Zucker zufügen und nochmals kurz kochen lassen. Alle Früchte beifügen, mindestens 12 Stunden im Sirup ziehen lassen.

3.
Die Früchte mit einem Schaumlöffel sorgfältig aus dem Sirup nehmen und in ein Glas füllen.

4.
Den Sirup sieben und mit dem Senfpulver und den Senfkörnern nochmals aufkochen. Heiß über die Früchte gießen, das Glas sofort verschließen.

Abbildung

Abbildung
oben: Kürbis-Mango-Chutney
rechts: Lauchrelish, Rezept Seite 80
unten: Senffrüchte

Lauchrelish

- 1 Zwiebel
- 1 Lauch
- 50 g Vollrohrzucker
- 150 ml/1,5 dl Balsamessig
- 1 Mango

1.
Die Zwiebel hacken, den Lauch in feine Scheiben schneiden.

2.
Zwiebeln, Lauch, Zucker und Essig aufkochen und zugedeckt 30 Minuten köcheln lassen.

3.
Die Mango schälen, das Fruchtfleisch vom Stein schneiden und würfeln, zum Lauch geben. Weitere 15 Minuten köcheln lassen. Das Relish in Gläser füllen und sofort verschließen.

Abbildung Seite 78, rechts

Tomaten-Gemüsepaprika-Chutney

- 500 g Tomaten
- 500 g grüner Gemüsepaprika/ Peperoni
- 750 g Zwiebeln
- 1/2 l Weißweinessig
- 375 g Vollrohrzucker
- 1 TL Meersalz
- 1 TL scharfer Senf
- 1 TL eingelegte grüne Pfefferkörner
- 1 Msp Cayennepfeffer

1.
Die Tomaten an der Spitze kreuzweise einschneiden, in einem Schaumlöffel in kochendes Wasser tauchen, bis sich die Haut zu lösen beginnt. Die Tomaten schälen, den Stielansatz kreisförmig herausschneiden, die Früchte in Würfel schneiden.

2.
Den Gemüsepaprika halbieren, den Stielansatz und die Kerne entfernen. Die Schotenhälften in schmale Streifen schneiden. Die Zwiebeln grob hacken.

3.
Sämtliche Zutaten in einen Kochtopf geben und aufkochen. Auf mittlerem Feuer so lange kochen lassen, bis das Chutney die Konsistenz von Konfitüre hat. Immer wieder rühren, damit das Chutney nicht anbrennt. Dann siedend heiß in Gläser füllen und sofort verschließen.

Desserts

Er soll ein «Leichtgewicht» und krönender Abschluss sein, gemeint ist der Gang danach, das Dessert. Ideal ist ein Fruchtsalat mit Früchten der Saison, ein Sorbet auf Fruchtbasis oder eine Eiscreme.

Fruchtsalat an Feigensauce

- 1 Baby-Ananas
- 1 Birne
- 1 Banane
- 100 g Datteln
- 300 g Weintraubenbeeren
- 2 EL Zitronensaft

Sauce
- 150 g getrocknete Feigen
- 300 ml/3 dl Orangensaft
- $^1/_2$ Zitrone, abgeriebene Schale

1.
Die Ananas oben und unten kappen. Am Fruchtfleisch entlang schälen. Die Noppen spiral- und keilförmig ringsum herausschneiden. Die Frucht längs halbieren und den holzigen Mittelstrunk entfernen, das Fruchtfleisch in Stücke schneiden. Die Birne ungeschält vierteln, das Kerngehäuse herausschneiden und die Fruchtviertel in Spalten schneiden. Die Banane schälen und in Scheiben schneiden. Die Datteln halbieren und entsteinen.

2.
Sämtliche Früchte in eine Schüssel geben und mit dem Zitronensaft vermengen.

3.
Für die Sauce die Feigen klein schneiden und mit der Hälfte des Orangensaftes während rund 10 Minuten auf kleinem Feuer weich kochen, auskühlen lassen.

4.
Die Hälfte der Feigen zum Fruchtsalat geben. Die restlichen Feigen mit dem restlichen Orangensaft im Mixer pürieren. Die Sauce mit der Zitronenschale würzen, zum Fruchtsalat geben. Die Früchte sorgfältig mit der Sauce vermengen.

Fruchtsalat an Kokos-Jogurt-Sauce

- 2 reife Mangos
- 1 Avocado
- 1 Kiwi
- 100 g Litschis, frisch oder aus der Dose, oder Rambutan
- 2 EL Vollrohrzucker

Sauce
- 2 EL Vollrohrzucker
- 50 g Kokosnussraspel
- 1 Stück frische Ingwerwurzel
- 2 Becher (je 150 – 180 g) Naturjogurt

1.
Mangos, Avocado und Kiwi schälen, das Fruchtfleisch in Würfel oder Spalten schneiden. Litschis schälen, halbieren und entsteinen. Alle Füchte in eine Schüssel geben und mit dem Zucker bestreuen.

2.
Den Zucker mit den Kokosnussraspeln in einer Pfanne mischen, hellbraun rösten. Auskühlen lassen.

3.
Den Ingwer schälen und fein reiben, zusammen mit dem Jogurt unter die Kokosnussraspeln rühren. Die Sauce separat zum Fruchtsalat servieren.

Rambutan: Exotische Frucht mit haariger, stacheliger Schale, weißlich durchscheinendem Fleisch und süßsäuerlichem Geschmack, gleich wie Litschis verwendbar.

Ananas-Kiwi-Salat

- 4 frische Ananasscheiben
- 4 Kiwis
- 6 EL Vollrohrzucker
- 2 EL Zitronensaft
- 300 g Erdbeeren oder Himbeeren

1.
Die Ananas schälen, siehe Seite 82 Das Fruchtfleisch in schöne, große Dreiecke schneiden. Die Kiwis schälen, längs halbieren und in Scheiben schneiden.

2.
Die Ananasstücke und die Kiwischeiben mit 3 Esslöffeln Zucker und 1 Esslöffel Zitronensaft mischen. 1 Stunde marinieren.

3.
Die Beeren mit dem restlichen Zitronensaft und dem restlichen Zucker pürieren, in Teller verteilen. Den Fruchtsalat auf der Sauce anrichten.

Pfirsich-Himbeer-Salat

- 6 Pfirsiche oder Nektarinen
- 1 EL Zitronensaft
- 4 EL Vollrohrzucker
- 250 ml/2,5 dl Orangensaft
- 1 Msp Nelkenpulver
- 1 Msp frisch geriebene Muskatnuss
- 250 g Himbeeren

1.
Die Pfirsiche halbieren, den Stein entfernen. Die Fruchthälften halbieren und quer in Scheiben schneiden. Mit dem Zitronensaft und 2 Esslöffeln Zucker marinieren.

2.
Den Orangensaft mit dem restlichen Zucker und den Gewürzen aufkochen, 10 Minuten auf kleinem Feuer köcheln lassen. Den Saft noch warm über die Pfirsiche gießen. Die Himbeeren beifügen und alles sorgfältig vermengen.

Abbildung oben

Marinierte Zitrusfrüchte

- 2 Mandarinen
- 2 Orangen
- 1 rosa Grapefruit
- 1 gelbe Grapefruit

Sauce
- $^1/_2$ Zitrone, abgeriebene Schale und Saft
- 4 EL Bitterorangenkonfitüre
- 2 EL Vollrohrzucker
- 4 EL Orangenlikör

1.
Mandarinen, Orangen und Grapefruits oben und unten kappen. Die Schale mit dem Messer am Fruchtfleisch entlang herunterschneiden. Die Mandarinen- und Grapefruitfilets herauslösen, indem man mit dem Messer an den beiden dünnen Fruchthäutchen der Schnitze entlangschneidet. Die Früchte nebeneinander in eine Schüssel legen.

2.
Zitronenschalen und Zitronensaft, Orangenkonfitüre, Zucker und Orangenlikör gut verrühren und über die Früchte verteilen. Mindestens 1 Stunde durchziehen lassen.

Abbildung unten

Orangen-Feigen-Salat

- 200 ml/2 dl Rotwein
- 4 EL Rum
- 4 EL Vollrohrzucker
- 1 Zimtstange
- 1 Gewürznelke
- 4 Orangen
- 4 getrocknete Feigen

1.
Rotwein, Rum, Zucker, Zimtstange und Nelke in einen Kochtopf geben.

2.
Zwei Orangen gut waschen. Die Schale einer Frucht dünn abschälen und in sehr feine Streifchen (Juliennes) schneiden. Die Schale der andern Orange auf einer feinen Reibe abreiben, beides zum Wein geben. Die Feigen halbieren und ebenfalls beifügen. Alles aufkochen und 10 Minuten köcheln lassen.

3.
Alle Orangen oben und unten kappen. Mit dem Messer großzügig schälen und quer in Scheiben schneiden.

4.
Die heiße Sauce mit den Feigen über die Orangen gießen, 1 bis 2 Stunden durchziehen lassen.

Tipp
Bei Verwendung von frischen Feigen diese nur in Spalten schneiden, nicht mitkochen.

Schokolade-Eiscreme

ergibt ca. 800 ml/8 dl

- 250 g dunkle Schokolade
- 200 ml/2 dl Milch
- 100 g Honig
- 300 g/3 dl süße Sahne/Rahm

1.
Die Schokolade grob zerbröckeln. Die Milch aufkochen. Den Topf vom Feuer ziehen, die Schokolade und den Honig beifügen. Rühren, bis die Schokolade geschmolzen ist. Die Creme auskühlen lassen, von Zeit zu Zeit gut rühren.

2.
Die Sahne unter die Schokoladencreme rühren. In der Eismaschine oder in einem geeigneten Behälter im Tiefkühler gefrieren lassen.

Beeren- oder Früchtesorbet

ergibt ca. 800 ml/8 dl

- 600 g Himbeeren oder andere Beeren oder reife Früchte
- ca. 200 g Akazienhonig
- 100 ml/1 dl Wasser
- ½ Zitrone, Saft

1.
Sämtliche Zutaten in einen Kochtopf geben, aufkochen und auskühlen lassen.

2.
Die Masse im Mixer fein pürieren. Eventuell durch ein Chromstahlsieb streichen.

3.
Das Fruchtpüree entweder in der Eismaschine oder in einem geeigneten Behälter im Tiefkühler gefrieren lassen. Im Tiefkühler muss die Masse von Zeit zu Zeit gut gerührt werden, damit das Sorbet nicht hart wird.

Zitrusfrucht-Sorbet

ergibt ca. 800 ml/8 dl

- 300 ml/3 dl frisch gepresster Orangen- oder Zitronensaft, zirka 200 g Orangen und 300 g Zitronen
- abgeriebene Fruchtschalen
- 250 ml/2,5 dl Wasser
- 300 g Akazienhonig

1.
Die Früchte gut waschen, die Schale mit einer feinen Reibe fein abreiben.

2.
Die Fruchtschalen mit 100 ml/1 dl Wasser aufkochen und 10 Minuten ziehen lassen. Mit dem restlichen Wasser, dem Fruchtsaft und zuletzt mit dem Honig verrühren.

3.
Den Fruchtsaft in einer Eismaschine oder in einem geeigneten Behälter im Tiefkühler gefrieren lassen. Im Tiefkühler muss die Masse von Zeit zu Zeit gut gerührt werden, damit das Sorbet nicht hart wird.

Soufflé glacé au Grand Marnier

für 4 kleine Souffléförmchen

- 3 Eigelb
- 60 g Akazienhonig
- 1 Beutel Vanillezucker
- 400 g/4 dl süße Sahne/Rahm
- 50 ml/0,5 dl Grand Marnier
- 1 EL Kakaopulver

1.
Um die Souffléförmchen einen Kragen aus Alufolie legen, der den Formenrand um einige Zentimeter überragt, rundum gut andücken. Eventuell mit einer Küchenschnur umwickeln.

2.
Eigelb, Honig und Vanillezucker zu einer luftigen Masse aufschlagen. Die süße Sahne steif schlagen und sorgfältig mit der Eiercreme vermengen. Den Grand Marnier unterziehen.

3.
Die Soufflémasse in die vorbereiteten Förmchen füllen, etwa 2 cm höher als den Förmchenrand. Das Soufflé im Tiefkühler gefrieren lassen.

4.
Vor dem Servieren den Alukragen entfernen, das Eis großzügig mit Kakaopulver bestäuben.

Tipps

Der Grand Marnier kann auch weggelassen oder erst vor dem Servieren hinzugefügt werden: Mit einem Teelöffel in jedes Soufflé eine Vertiefung formen und diese mit Grand Marnier füllen. Das Soufflé kann auch in eine große Form gefüllt werden.

Abbildung

SIGGRILLETTE Sprint

Der Racletteofen ist out, es lebe die «Siggrillette»! – Das multifunktionale Gerät lädt zum gemeinsamen Essplausch ein: grillen nach Lust und Laune, Käse schmelzen, Pizzas backen ...!

«Siggrillette» passt auf jeden Tisch. Und «Siggrillette» lässt keine Wünsche offen. Die Grillplatte erhitzt sich wie im Sprint, wobei die seitliche Wärmeabstrahlung sehr gering bleibt. Die Pfännchen lassen sich in drei verschiedene Positionen einschieben, was den Zugriff erheblich erleichtert. Die antihaftbeschichtete Grillplatte lässt sich spielend einfach reinigen. «Siggrillette» besticht durch funktionales Design, kompakte Form, stufenlose Temperaturregelung.

Erhältlich im Haushalt-Fachhandel und in führenden Warenhäusern.

SIGG Fonduegarnitur Tête-à-Tête

Die Fondueserie Tête-à-Tête besticht nicht nur durch die schöne, schwungvolle Form, sondern vor allem auch durch die Vielfalt an wunderschönen, harmonisch aufeinander abgestimmten Gewürzfarben.

Die Linie besteht aus Caquelon, Brot- und Fleischteller sowie Schälchen und ist in den Farben Pfeffer, Lavendel, Oregano, Cayenne und Safran erhältlich. Die Farbenvielfalt lädt förmlich zum Kombinieren und Spielen ein. Mit Tête-à-Tête und etwas Phantasie sind den Möglichkeiten für einen perfekt gedeckten Fonduetisch keine Grenzen mehr gesetzt.

Erhältlich im Haushalt-Fachhandel und in führenden Warenhäusern.

Stichwortverzeichnis